Bildungsplanung in Entwicklungsländern

Schriften der Deutschen Stiftung für Entwicklungsländer

Band 3

Bildungsplanung
in Entwicklungsländern

Bericht über die internationale Tagung veranstaltet
von der Deutschen Stiftung für Entwicklungsländer
vom 1. bis 6. Juli 1963 in Berlin-Tegel

bearbeitet von Theodor Hanf
unter Mitarbeit von Wolfram Gabriel

DUNCKER & HUMBLOT / BERLIN

DOK 167 A
IT 13/63

Alle Rechte vorbehalten
© 1966 Duncker & Humblot, Berlin 41
Gedruckt 1966 bei Alb. Sayffaerth, Berlin 61
Printed in Germany

Vorwort

An der Tagung „Bildungsplanung in Entwicklungsländern", die vom 1. bis 6. Juli 1963 in Berlin stattfand, haben Wissenschaftler und hohe Regierungsbeamte europäischer, amerikanischer und afro-asiatischer Länder sowie Vertreter internationaler Organisationen teilgenommen. Ziel der Tagung war es, zunächst einen Überblick über den gegenwärtigen Stand der wissenschaftlichen Kenntnisse und die Praxis der Bildungsplanung zu geben. Neben dem Erfahrungsaustausch zwischen Wissenschaftlern und Praktikern auf der einen sowie Vertretern aus Industrie- und Entwicklungsländern auf der anderen Seite sollten Vorschläge für den möglichen Beitrag öffentlicher und privater Stellen der Geberländer zur Bildungsplanung erarbeitet werden. Schließlich sollten die Methoden der Bildungsplanung einer kritischen Prüfung unterzogen werden, um auf der Grundlage der bisherigen Erfahrungen Anregungen zu ihrer Verbesserung geben zu können.

Die Tagung stand unter der Leitung von Prof. Dr. Friedrich Edding, der jetzt als Direktor am Institut für Bildungsforschung in der Max-Planck-Gesellschaft wirkt. Seiner sachkundigen und umsichtigen Gesprächsführung war es zu danken, daß die Tagung zu fruchtbaren Ergebnissen geführt hat. Dafür sei ihm an dieser Stelle aufrichtiger Dank ausgesprochen, ebenso auch Herrn Theodor Hanf, der den vorliegenden Bericht unter Mitarbeit von Herrn Wolfram Gabriel angefertigt hat.

Dr. *Gerhard Fritz*

Kurator

Inhaltsverzeichnis

Einleitung 9

I. Planen und Programmieren auf dem Gebiet des Erziehungswesens .. 13
   A. Planungstechniken und Organisation der Planung 15
   B. Die Rolle der Verwaltung in der Erziehungsplanung 24
   C. Arbeitskräfteerhebungen 28

II. Die erzieherische und sozio-ökonomische Rolle der Schule (unter besonderer Berücksichtigung ihrer qualitativen und quantitaven Ausbreitung) 33
   A. Lehrplan — Lehrmittel 35
   B. Die Struktur der Erziehungspyramide 36
   C. Das Problem des vorzeitigen Abganges von der Schule (Verlustquote — drop-out) 38
   D. Die Erwachsenenbildung 41
   E. Die Lehrer — Status, Rekrutierung, Leistung 42

III. Kostenanalyse in der Erziehungsplanung 46

IV. Internationale Hilfe 50

V. Anhang 55
   A. Empfehlungen der Tagung für Forschungsvorhaben 55
   B. Programm 60
   C. Teilnehmerliste 63
   D. Verzeichnis der Referate 66
   E. Literaturverzeichnis 67

Einleitung

Die Erziehungsplanung ist eine recht junge Disziplin. In zunehmendem Maße hat sich jedoch sowohl bei Wissenschaftlern wie Politikern die Ansicht durchgesetzt, daß die Erziehungsplanung Kernstück einer allumfassenden Entwicklungsplanung ist.

Die Welt von heute ist eine von Menschen geschaffene Welt; sie zeichnet sich durch ein hohes Maß an Rationalität aus. Ohne einen gewissen Grad von Planung, vor allem auf dem Gebiet der Infrastruktur, ist die Existenz einer modernen Gesellschaft nicht denkbar. Die hochindustrialisierten Staaten sehen sich durch Ausmaß und Schnelligkeit von Mobilität und Sozialwandel gezwungen, dem exekutiven Handeln vorauszusehen, d. h. ihre wichtigsten sozial- und wirtschaftspolitischen Entscheidungen zu planen. Desgleichen können nicht-industrialisierte Länder, wollen sie ihren sozio-ökonomischen Entwicklungsprozeß sinnvoll gestalten und beschleunigen, auf wohlverstandenes Planen nicht verzichten.

In einer traditionellen statischen Gesellschaft erfüllte das Erziehungswesen die Funktion, eine gegebene Gesellschaftsstruktur zu erhalten. Seine Rolle im sozialen Auswahlprozeß war geringfügig; war doch im allgemeinen die soziale Stellung eines Individuums bereits durch seine Geburt determiniert. Hauptaufgabe des Erziehungswesens in einer solchen Gesellschaft war es, eine ausreichende Anzahl von Personen in bestimmte, bereits festliegende Rollen hineinwachsen zu lassen.

In einer modernen Gesellschaft dagegen ist das Erziehungswesen der wichtigste Faktor bei der Verteilung sozialer und wirtschaftlicher Chancen. Es ist eines der wichtigsten Instrumente der sozialen Mobilität: daraus ergibt sich zwingend die Notwendigkeit der Planung.

Daß Erziehung und ihre Planung für die Entwicklungsländer von besonderer Bedeutung sind, liegt auf der Hand: die große Dynamik des sozio-kulturellen Wandels in diesen Ländern läßt dem Erziehungswesen als vorzüglichem Instrument der Lenkung eben dieses Wandlungsprozesses erhöhtes Gewicht zukommen. Sich dieses Instrumentes sinnvoll zu bedienen, erweist sich mithin als eine vitale Notwendigkeit für eine verantwortliche Entwicklungspolitik.

Daher erschien es der Deutschen Stiftung für Entwicklungsländer ebenso sinnvoll wie notwendig, zum Thema der „Bildungsplanung in

Entwicklungsländern" eine Internationale Tagung zu veranstalten. Drei Ziele hatte diese Tagung:

— zunächst sollte ein Überblick über den augenblicklichen *Stand der Forschung* verschafft werden; die Tagung gab Wissenschaftlern zahlreicher Länder Gelegenheit, über ihre Arbeiten und Forschungsvorhaben zu berichten.

— Zum anderen sollte eine *Konfrontierung der Wissenschaft mit der Praxis* ermöglicht werden. Gerade eine angewandte Disziplin wie die Bildungsökonomie und Bildungsplanung bedarf immer wieder des intensiven Austausches zwischen Forschern einerseits, und den Verantwortlichen der Exekutive andererseits sowohl um die Gerichtetheit der Forschung auf das Handeln als auch die wünschenswerte Anwendung wissenschaftlicher Erkenntnisse in der Praxis.

— Als Resultat dieses Austausches erhoffte die Deutsche Stiftung in erster Linie *Vorschläge für die weitere Forschung;* damit sollte versucht werden, einen Beitrag zur sinnvollen Koordinierung der vielfältigen Bemühungen in Universitäten, Regierungen, internationalen Organisationen sowie privaten Institutionen zu leisten.

Ausgangspunkt der Tagung war eine kritische Überprüfung des derzeitigen Standes der Erziehungsplanung und ihrer Techniken. Während der letzten Jahre sind immer wieder Zweifel aufgetaucht, ob diese Techniken dem selbstgestellten Anspruch der Erziehungsplanung, nämlich Kernstück einer allumfassenden Gesellschaftsplanung zu sein, in hinreichendem Maße gerecht werden. Diese Zweifel konzentrieren sich vornehmlich auf zwei Fragen:

— Tragen die Techniken der Entwicklungsplanung der Dynamik der Entwicklung in hinreichendem Maße Rechnung? Von ihrer Natur her muß die Entwicklungsplanung eine Planung langfristiger Art sein; die langfristige Vorausschau der sozialen Entwicklung erweist sich jedoch eben wegen dieser Dynamik als äußerst schwierig.

— Sind die Techniken der Erziehungsplanung nicht zu technisch, zu funktional, zu operational geworden? Zweifellos ist immer wieder die Gefahr aufgetreten, daß die Methoden von ihrem Inhalt sich weit entfernten.

Die Tagung ging von der Annahme aus, daß Entwicklung in erster Linie als eine sinnvolle und wohlverstandene Lenkung des sozio-kulturellen Wandels zu verstehen ist. Die Rolle der Entwicklungsplanung in einer solchen Lenkung aber müsse es sein, nicht nur für die notwendige Anzahl ausgebildeter Arbeitskräfte zu sorgen, sondern die sozio-kulturellen Bedürfnisse des Menschen in seiner Gesamtheit zu berücksichtigen. Die Erziehung habe nicht lediglich den homo faber zum Gegenstand, sondern den Menschen schlechthin. Nur eine genügende Offenheit für diese Problemstellung könne vor Einseitigkeiten bewahren und das letztliche Ziel im Auge behalten, nämlich die Bildung des zukünftigen Menschen, das Ins-Werk-Setzen einer wahrhaft humanen Gesellschaft.

Der folgende Bericht ist in fünf Teile gegliedert. Im ersten Abschnitt werden die grundlegenden Überlegungen zum Planen und Programmieren auf dem Gebiet des Erziehungswesens wiedergegeben, die den ersten Teil der Internationalen Tagung ausmachten. Hierbei stand vor allem die Darstellung verschiedener Planungstechniken im Vordergrund sowie damit verbundene Überlegungen zur Organisation der Planung. Der zweite Abschnitt referiert über einige neuere Forschungen auf dem Gebiet der Erziehungswissenschaften, die auf der Tagung vorgetragen wurden. Ihr Gegenstand ist die erzieherische und sozio-ökonomische Rolle der Schule. Der dritte Abschnitt handelt von der Kostenanalyse in der Erziehungsplanung, einem Gebiet, der die Bildungsökonomie in der letzten Zeit besondere Aufmerksamkeit gewidmet hat. Der vierte Abschnitt gibt die Überlegungen der Tagungsteilnehmer zum Problem der internationalen Hilfe wieder. Der Anhang schließlich enthält u. a. die Empfehlungen der Tagungsteilnehmer für künftige Forschungsvorhaben.

Dieser Bericht ist in seinem Umfang beschränkt. Er kann daher nur einen knappen Abriß der Darlegungen und der Diskussionen geben; für ein ausführlicheres Studium sei auf die Dokumentation der Deutschen Stiftung für Entwicklungsländer verwiesen, bei der die Texte der Referate sowie Zusammenfassungen der Diskussionen erhältlich sind[1].

Der Bericht versucht eine Zusammenfassung der Arbeiten der Tagung zu geben; ein vollständiges Verzeichnis der Vorträge, die auf der Tagung gehalten wurden, findet sich im Anhang. Es wurde durch eine Literaturübersicht ergänzt, die keineswegs erschöpfend gedacht ist, sondern lediglich auf einige Werke hinweisen soll, die mit dem Thema der Tagung in unmittelbarem Zusammenhang stehen.

Zum Abschluß der Einleitung erscheint es sinnvoll, den Versuch einer terminologischen Klärung der wichtigsten Begriffe zu geben, die bei der Thematik von Bedeutung sind. Die Diskussionen der Tagung gingen von folgenden, von den Teilnehmern gemeinsam erarbeiteten Annahmen aus:

— Gegenstand der Erziehungsplanung ist das Erziehungswesen im weitesten Sinne; unter Erziehung wird sowohl Bildung wie auch Ausbildung verstanden.

---

[1] Vgl. das Verzeichnis der Referate im Anhang. Zitate im folgenden Text beziehen sich, soweit nichts anderes angegeben, auf diese Referatstexte.

- Unter Planung wird nicht ein System von Befehlen, die gegen den Willen ihrer Empfänger erteilt werden, verstanden, sondern ein Vergleich von Zielen und Möglichkeiten sowie die Schlußfolgerungen aus diesen Vergleichen.
- Unter Planung wird immer langfristige Planung verstanden.
- Ziel der Erziehung und der Erziehungspolitik ist eine bessere wirtschaftliche und soziale Entwicklung. In diesem Sinne ist Erziehung nicht nur eine Dienstleistung, die Wissen produziert, sondern ein Beitrag zur individuellen und zur sozialen Entwicklung in jeder Hinsicht.
- Planung wird immer als integrale Planung aufgefaßt. In ihr sollen daher so viele Techniken, Ansätze und Methoden angewendet werden, wie möglich sind; dazu bedarf es einer interdisziplinären Forschung.

I. Planen und Programmieren auf dem Gebiet des Erziehungswesens

Der Begriff „Entwicklung"

„Entwicklung ist Wachstum und Wandel: Wandel seinerseits ist sowohl sozio-kultureller wie auch wirtschaftlicher Wandel, und er ist sowohl qualitativ wie auch quantitativ." Die Definition des UNO-Generalsekretärs U Thant für den Begriff „Entwicklung" stand am Ausgangspunkt der Überlegungen der Tagung. Diese Definition bedarf einer weiteren Differenzierung:

— Unter *wirtschaftlicher Entwicklung* soll eine Steigerung des Pro-Kopf-Einkommens und des Nationalprodukts verstanden werden. In einem weiteren Sinne ist wirtschaftliche Entwicklung auf eine allgemeine Hebung des Lebensstandards ausgerichtet.

— Unter *sozialer Entwicklung* soll die Schaffung von Sozialstrukturen und Wertsystemen verstanden werden, die den wirtschaftlichen und sozialen Fortschritt fördern. In einem weiteren Sinne kann unter Entwicklung die Erfüllung von Bedürfnissen einer Gesellschaft in ihrer Gesamtheit begriffen werden; eine harmonische und kontinuierliche Befriedigung dieser Bedürfnisse in zunehmendem Maße kann als integrale Entwicklung bezeichnet werden. Entscheidendes Kriterium dieser integralen Entwicklung ist es, daß für das der Gesellschaft angehörige Individuum das Auswahlfeld seiner Möglichkeiten ausgeweitet wird.

— Für den Bedarf der praktischen Planung können die menschlichen Bedürfnisse in folgende Sektoren eingeteilt werden:

   1. Gesundheit
   2. Lebensmittelverbrauch und Ernährung
   3. Erziehung
   4. Arbeit und Arbeitsbedingungen
   5. Wohnen
   6. Soziale Sicherheit
   7. Kleidung

8. Erholung

9. Menschenrechte[1].

Die Erziehung hat einen tiefen Einfluß auf die wirtschaftliche und soziale Entwicklung in sämtlichen angeführten Punkten.

Das Konzept einer entwicklungsfördernden Rolle der Erziehung wie das Konzept der Entwicklung überhaupt ist relativ jungen Alters. Es entstammt einer Zeit, in der durch die Dynamik des neuzeitlichen Sozialwandels die Gesellschaft als solche zum ersten Mal in größerem Ausmaße fragwürdig wurde. Die ungeheuren Umwälzungen, die durch den neuzeitlichen Sozialwandel bewirkt wurden, lassen sich besonders deutlich an der Zunahme der Weltbevölkerung ermessen. Die Bevölkerungszunahme in der Zeit von Christi Geburt bis 1750 betrug 7 %; von 1750 bis heute dagegen hat sich die Weltbevölkerung um 85 % vermehrt[2]. Es liegt auf der Hand, daß in einer stabilen Gesellschaft Erziehung weit mehr zur Festigung von Lebensweisen, von staatlicher Organisation und von Wertsystemen von Gesellschaften diente als zu ihrer Entwicklung.

In den Anfangsstadien der industriellen Revolution spielte das Erziehungswesen daher auch keine große Rolle. Z. B. vollzog sich die wirtschaftliche Entwicklung Großbritanniens ohne ein allgemeines Erziehungswesen. Noch um 1850 setzte sich mehr als die Hälfte der britischen Bevölkerung aus Analphabeten zusammen. Später industrialisierte Staaten wie Deutschland, die Vereinigten Staaten und Japan führten dagegen die allgemeine Schulpflicht in einem früheren Stadium des industriellen Entwicklungsprozesses ein. Ihnen blieb daher die krasse gegensätzliche soziale Entwicklung erspart, wie sie in Großbritannien eintrat: die Konsequenz der ungleichmäßigen Ausbreitung der Erziehung war das Entstehen der „two nations", d. h. einer Klassengesellschaft, die durch unterschiedliches Einkommen — jedoch noch mehr durch unterschiedliches Bildungsniveau — gekennzeichnet war.

Die Gefahr einer ähnlichen Entwicklung in den meisten Entwicklungsländern ist nicht zu übersehen. Sie wird durch die Tatsache verstärkt, daß der Sozialwandel der Entwicklungsländer allogener Natur ist und daher in den meisten Fällen sehr viel schneller verläuft als dies bei den endogenen Entwicklungsprozessen der europäischen Industrienationen der Fall war.

---

[1] Dieser Katalog findet sich in: „United Nations Publication E/CN 3/179 — E/CN 5/299, New York, 1954", zitiert nach Philipps, H. M.: Education and Development, S. 4.

[2] Vgl. Philipps, a.a.O., S. 5.

I. Planen und Programmieren auf dem Gebiet des Erziehungswesens 15

Aufgaben der Entwicklungsplanung

Es ist daher eine der vornehmsten Aufgaben der Bildungsplanung in Entwicklungsländern, das Entstehen einer neuen Klassengesellschaft, die auf unterschiedlichen bildungsmäßigen Voraussetzungen beruhen würde, zu verhindern. Positiv ausgedrückt läßt sich fordern, daß „education must be sufficiently progressive to produce the kind of social and technical leadership and qualified manpower required, while at the same time preserving the continuity and development of a society's cultural identity" (Diez-Hochleitner).

Die Aufgaben der Bildungsplanung lassen sich daher kurz folgendermaßen zusammenfassen:

— Eine detaillierte Analyse des Erziehungswesens und seine Rolle in der jeweiligen Gesellschaft muß erstellt werden.

— Die Möglichkeiten des Landes, die der gegebenen Situation angemessenen Maßnahmen zu ergreifen, müssen sorgfältig untersucht werden.

— Auf Grund des Vergleiches von Situationen und Möglichkeiten muß ein Entwurf für das Handeln erstellt werden.

A. Planungstechniken und Organisation der Planung[3]

Ökonomische Charakteristika der Erziehung

Das Erziehungswesen hat sowohl direkte wie indirekte Auswirkung auf die wirtschaftliche Lage eines Landes. Direkte wirtschaftliche Konsequenzen zeigen sich in der Quantität und der Qualität ausgebildeter Arbeitskräfte. Wenn man rechnet, daß die menschliche Arbeitskraft etwa drei Viertel des nationalen „output" ausmacht, läßt sich daraus folgern, daß das Erziehungswesen die Hauptquelle der Produktivität der Arbeitskraft darstellt[4].

---

[3] Die nachfolgenden grundsätzlichen Ausführungen stellen im wesentlichen eine Zusammenfassung der Darlegungen von H. M. Philipps dar.
[4] G. Bombach schreibt: „Neben die beiden herkömmlichen, in physischen Einheiten gemessenen Produktionsfaktoren Arbeit und Realkapital ist in der modernen Betrachtungsweise ein dritter Faktor getreten: das menschliche Wissen und Können, die gegebenen Ressourcen bestmöglich zu nutzen. Man spricht vom ‚human factor' oder neuerdings auch kurz vom *Dritten Faktor*. Dieser Dritte Faktor wird bestimmt durch die natürlichen Fähigkeiten der Menschen eines Landes und die Erfolge und Anstrengungen der Bildungspolitik und dem Ausbau der Forschung in vorangegangenen Dezennien oder

I. Planen und Programmieren auf dem Gebiet des Erziehungswesens

Die indirekten Auswirkungen sind vielfältiger Art: Das Erziehungswesen beeinflußt das Arbeitsverhalten ebenso wie die Verbrauchergewohnheiten; als Selektionsinstrument und Ausbildungsinstitution für soziale und wirtschaftliche Führungskräfte hat es einen beträchtlichen Einfluß auf die wirtschaftliche und soziale Mobilität.

Von beträchtlichem Interesse ist die Frage, inwieweit der Bedarf an Erziehung wirtschaftlich determiniert ist. Bedarf an Erziehung besteht sowohl für die Produktion wie für den Verbrauch und schließlich als Instrument zur Erhaltung und Entwicklung von Wertsystemen. Diese letzte Funktion läßt sich weder als Produktions- noch als Verbrauchsbedarf einordnen. Der amerikanische Bildungsökonom Schultz schätzt den Anteil des Verbrauchs an Erziehungsbedarf auf 50 %; es wäre zu überlegen, ob dieser Prozentsatz in Entwicklungsländern nicht nach Möglichkeit niedriger liegen sollte.

Die wirtschaftlich unmittelbarste Auswirkung hat natürlich die technische Erziehung. Jedoch ist auch die allgemeine Erziehung eine notwendige Vorbereitung auf die technische und damit auf die Berufserziehung. Jegliche Ausbildung, die zum Einkommensgewinn irgendwelcher Art führt, kann sowohl als soziale wie als wirtschaftliche Investition betrachtet werden. Zum Wert dieser Investitionen läßt sich festhalten, daß das Erziehungswesen zwar eine relativ lange Periode benötigt, um Erträge zu erbringen, daß auf der anderen Seite die Verlustrate erheblich geringer ist als bei physischem Kapital. Im allgemeinen muß man mit einer Periode von 10—20 Jahren rechnen, bis die Erträge einsetzen. Es ist daher notwendig, für diese Investitionen Optionen zu treffen, insbesondere bezüglich der Berücksichtigung verschiedener Schulformen und verschiedener Ebenen des Erziehungswesens. Diese Optionen müssen auf langfristigen Kriterien beruhen, die sowohl Qualität wie Quantität berücksichtigen.

Bei der Investition ist weiterhin zu berücksichtigen, daß das Erziehungswesen in einem hohen Maße Konsument seiner eigenen Produktion ist, insbesondere derer der Sekundar- und Hochschulebene. Als ein Beispiel sei angefügt, daß in Großbritannien im Jahre 1970 mehr Personen im Erziehungswesen beschäftigt sein werden als in irgendeinem anderen Unternehmen, sogar mehr als in der Armee.

Es läßt sich abschließend feststellen, daß das Erziehungswesen funktional mit der sozio-ökonomischen Struktur verbunden ist, und zwar sowohl über den Arbeitsmarkt wie über die Verwaltung. Es ist daher

---

gar Jahrhunderten." (Bildungswesen und wirtschaftliche Entwicklung. VII. Gespräch zwischen Wissenschaft und Wirtschaft, veranstaltet vom Bundesverband der Deutschen Industrie am 2. 12. 1963 in Bonn, Heidelberg 1964, S. 15.)

unmöglich, das Erziehungswesen isoliert zu planen; im Gegenteil muß es notwendigerweise in eine allgemeine Entwicklungsplanung integriert sein.

Soziale Faktoren in der Erziehungsplanung

Eine der wichtigsten gesellschaftspolitischen Vorfragen der Erziehungsplanung ist, ob das Erziehungswesen in erster Linie einen eigenständigen Bereich darstellt, in dem der Prozeß der individuellen Persönlichkeitsbildung seinen Platz hat, oder dagegen in erster Linie ein Instrument zur Sozialisierung von Individuen, d. h. zur Vermittlung von Zielen und Werten, kurz der Struktur einer bestimmten Gesellschaft ist.

Es muß festgestellt werden, daß der Gebrauch des Erziehungswesens als eines Instrumentes zum „social engineering" bisher vorwiegend theoretischer Natur geblieben ist. In den meisten Staaten reflektiert das Erziehungswesen eher die Sozialstruktur als daß es sie ändert. Geplante Versuche, die soziale Mobilität durch das Erziehungswesen zu heben, wurden meist durch die Einflüsse der Familie und des Milieus neutralisiert. In den industrialisierten Ländern ist der Einfluß des Erziehungswesens auf die Mobilität bisher nur langsam gewachsen. Es ist dagegen anzunehmen, daß in zahlreichen Entwicklungsländern der Einfluß auf die Mobilität erheblich größer ist; dies auf Grund der Tatsache, daß mit der Einführung eines modernen Erziehungswesens ein grundlegender Strukturwandel der Produktions- und Verbrauchsbedingungen verbunden ist, zu denen es erst einen Zugang verschafft.

Bei einer Untersuchung der bisherigen Erziehungssysteme muß man feststellen, daß in den meisten Ländern der Aufgabe der Persönlichkeitsbildung und auch Erziehung auf bestimmte politische Ideale hin weit mehr Bedeutung eingeräumt wurde als der Ausbildung auf bestimmte berufliche Fähigkeiten hin. Bisher haben nur wenige Länder den entscheidenden Akzent auf den zukünftigen Beitrag eines Kindes zum wirtschaftlichen Leben gelegt.

Bei einer sinnvollen Entwicklungsplanung muß jedoch diese Akzentsetzung entsprechend den verschiedenen Stufen der Entwicklung erfolgen. Für die moderne Wirtschaftsentwicklung erscheint die Ausbildung zu einer fähigen Arbeitskraft als unabdinglich. Weiterhin muß sorgfältig erwogen werden, in welcher Weise die Förderung bestimmter Ebenen des Erziehungswesens akzentuiert werden soll. Diese Optionen haben unmittelbaren Einfluß auf Sozialstruktur, Elitenbildung wie Haltung weiter Bevölkerungsschichten. Von besonderer Bedeutung ist hier die Rolle der Universität bei der Heranbildung einer nationalen Führungsschicht.

I. Planen und Programmieren auf dem Gebiet des Erziehungswesens

Politische Probleme von Optionen in der Entwicklungsplanung

Die sozialen Konsequenzen bestimmter Optionen auf dem Gebiet der Erziehungsziele — wie dem der Förderung bestimmter Sektoren des Erziehungswesens — verleihen diesen Optionen eine hohe politische Bedeutung. In der Erziehungsplanung müssen daher Entscheidungen gefällt werden, die im Rahmen der allgemeinen entwicklungspolitischen Entscheidungen zu stehen haben. Es gilt, zunächst die Ausgaben für das Erziehungswesen in eine sinnvolle Beziehung zu den Ausgaben für die anderen Entwicklungsbedürfnisse zu setzen; dadurch bestimmt sich die Höhe der Investitionen im Erziehungswesen. Es erhebt sich weiterhin das Problem der optimalen Relationen zwischen den verschiedenen Ebenen des Erziehungswesens sowie das Problem, in welcher Weise die Produktivität des Erziehungswesens in sinnvoller Weise gesteigert werden kann.

Bei der Abwägung der Bedürfnisse des Erziehungswesens gegenüber den allgemeinen Entwicklungsbedürfnissen kann von der Grundüberlegung ausgegangen werden, daß das Erziehungssystem als solches nicht zu ersetzen ist. Sämtliche Staaten widmen ihm daher einen Teil ihrer staatlichen Investitionen, deren Höhe jedoch zwischen 1 % und 6 % des Bruttosozialproduktes schwankt. Bei aller grundlegenden Bedeutung der Erziehung steht sie jedoch in Konkurrenz mit Bedürfnissen anderer Teile der Infrastruktur wie z. B. des Transportwesens, Wohnungsbaus, Gesundheitswesens und der Wohlfahrt. Die Höhe der Investitionen muß zwischen diesen verschiedenen Sektoren sinnvoll abgestimmt werden.

Innerhalb des Erziehungswesens selbst bieten sich verschiedene Alternativen an. Es erhebt sich die Frage, in welchem Ausmaß das allgemeinbildende Erziehungswesen auf der einen Seite gefördert werden soll, eine berufliche Weiterbildung (in-service training) auf der anderen. Eine berufliche Weiterbildung kann kurzfristig erhebliche wirtschaftliche Gewinne bringen; jedoch sind ihr gewisse Grenzen gesetzt, jenseits derer ein Verlust an Wirksamkeit eintritt.

Eine weitere fundamentale Alternative stellt sich mit der Frage, inwieweit die Bevölkerung im Schulalter tatsächlich Schulen besuchen soll und auf welcher Ebene. Das Bedürfnis nach allgemeiner Schulausbildung kann hierbei leicht im Gegensatz zu der Beschränktheit der finanziellen Mittel und ihrer wirksamsten Einsetzung geraten.

Diese Option hängt mit der spezifischen Rolle der Erziehung in der gesamten Entwicklungsplanung zusammen: Wird in erster Linie Wert auf eine Alphabetisierungskampagne gelegt? Werden bestimmte, wirtschaftlich bevorzugte Gegenden in besonderer Weise gefördert, oder bemüht man sich um eine gleichmäßige Entwicklung des Erziehungswesens im gesamten Lande? Wie muß das „soziale Minimum" angesetzt werden, d. h. der Mindestbedarf an Erziehung, der aus sozialen Überlegungen und unabhängig von wirtschaftlichen Erwägungen in jeder Gesellschaft existiert? Von der Klärung dieser entwicklungspolitischen Fragen hängt dann die weitere Option zwischen verschiedenen Finanzierungsmöglichkeiten ab. Werden in erster Linie zentrale, regionale oder lokale Quellen benutzt? In welchem Ausmaße können private Quellen erschlossen werden?

Alle diese Alternativen sind der grundsätzlichen Entscheidung unterworfen, ob das Erziehungswesen in einer bestimmten Entwicklung mehr zur sozialen Stabilisierung benutzt werden soll oder aber zur weiteren Beschleunigung des sozio-kulturellen Wandels.

Verschiedene Ansätze zur Entwicklungsplanung

Auf der Tagung wurden verschiedene Ansätze einer systematischen Erziehungsplanung untersucht. Sechs Ansätze erwiesen sich dabei von besonderer Bedeutung. Ihnen ist gemeinsam, daß sie ein System entwickeln, nach dem die Bedürfnisse eines Landes vorausgeschätzt sowie ein Rahmen bzw. alternative Rahmen für Maßnahmen aufgestellt werden, die diesen Bedürfnissen Rechnung tragen sollen[5].

1. „Die soziale Methode"

Die sogenannte soziale Methode ist der traditionelle Ansatz zu einer Planung des Erziehungswesens. Es handelt sich um keine Planungsmethode im eigentlichen Wortsinn, sondern eher um die Schaffung einer ersten Übersicht. Sie geht von einer Feststellung des augenblicklichen Erziehungsbedarfs aus; auf diesem aufbauend und von der vermuteten Bevölkerungsvermehrung der Altersstruktur und bestimmter nationaler Ziele ausgehend wird eine Projektion erstellt. Ein dritter Schritt ist die Errechnung des dazu notwendigen finanziellen Aufwandes und die Abstimmung dieser Forderungen mit den übrigen nationalen Bedürfnissen.

2. Die Methode der Arbeitskräfteuntersuchung

Diese Arbeitsmethode basiert auf einer Schätzung des künftigen Arbeitskräftebedarfs. Ihre Schwierigkeiten sind beträchtlich: Schätzungen des Arbeitskräftebedarfs über fünf Jahre hinaus sind außerordentlich

---

[5] Vgl. hierzu Philipps, Education and Development, S. 17—30.

fragwürdig, da der Bedarf sich ständig mit dem technischen Fortschritt zu ändern pflegt. Weiterhin kann diese Methode dazu führen, daß wichtige Anforderungen an das Erziehungswesen nicht berücksichtigt werden: z. B. die Funktion der Erziehung als Konsum; der soziale Minimalbedarf an Erziehung, der vom Arbeitskräftebedarf unabhängig ist; der Erziehungsbedarf von Frauen und Mädchen, die später nicht arbeiten werden. Kurz: sämtliche Erziehungsaufwendungen, die über das wirtschaftlich Notwendige hinausgehen, die aber für politische, kulturelle und soziale Ziele erforderlich sind, werden von dieser Methode nicht erfaßt.

Weiterhin ergeben sich große Schwierigkeiten dieser Methode durch die Notwendigkeit, den Ausfall im Verlauf des Erziehungswesens zu berücksichtigen, wie auch durch die Tatsache, daß stets ein größerer Ausstoß des Erziehungswesens zu planen ist als der unmittelbare Arbeitskräftebedarf beträgt, will man das Wachstum stimulieren.

Insgesamt läßt sich nicht übersehen, daß bei der Methode der Schätzung des Arbeitskräftebedarfs der tatsächliche Erziehungsbedarf beträchtlich unterschätzt wird.

Dennoch muß festgestellt werden, daß, wenn diese Methode auch nicht für eine sinnvolle Vorausschau ausreicht, sie dennoch unbedingt notwendig hierfür ist.

3. Die Methode der „education output ratio"

Diese Methode verzichtet auf eine Vorausschau des Arbeitskräftebedarfs. Stattdessen versucht sie eine Beziehung zwischen der Anzahl der ausgebildeten Personen bzw. der Personen herzustellen, die in den verschiedenen Ebenen des Entwicklungsprozesses einbegriffen sind einerseits, und dem Nationalprodukt (Güter wie Dienstleistungen) andererseits. Auf Grund dieser Beziehungen wurden lineare Gleichungen zwischen Ausgebildeten, in Ausbildung befindlichen Personen und dem Produktionsumfang hergestellt. Diese Gleichungen zeigen, wie die Struktur des Erziehungswesens bei verschiedenen gewünschten Wachstumsraten sich ändern muß.

Auch diese Methode weist erhebliche Schwierigkeiten auf. Einmal sind sehr viele Schätzungen über das Erziehungssystem notwendig. Weiterhin muß das unterschiedliche Wachstum in verschiedenen Sektoren des wirtschaftlichen Lebens einbezogen werden. Vor allem aber ist die Annahme fragwürdig, daß ein bestimmter Ausstoß von Gütern einen bestimmten Umfang von Arbeitskräften mit bestimmter Qualifikation erfordert. Demgegenüber ist festzustellen, daß Arbeitskräfte und deren Qualifikation teilweise durch Kapital ersetzt werden können. Ebenso kann hohe Qualifikation einiger Fachleute u. U. den Bedarf einer größeren Anzahl durchschnittlich qualifizierter Personen ersetzen. Für die grundlegende Option zwischen Qualität und Quantität, d. h. zwischen mehr Ausbildung und mehr Beschäftigten, liefert die „education output ratio" keine Anhaltspunkte.

Für die Anwendung in Entwicklungsländern besteht vor allen Dingen die große Schwierigkeit des Mangels an statistischen Daten. Andererseits muß festgehalten werden, daß diese von Tinbergen und Correa entwickelte Methode ein Gesamtsystem von Variablen und Beziehungen schafft, das eine Grundlage für eine quantitative Schätzung bildet.

4. Die Aggregatmethode

Diese Methode bezieht die Bedürfnisse des Erziehungswesens auf den Gesamtbedarf der Gesellschaft für deren Entwicklung und nicht nur auf den Ausstoß oder den Bedarf an Arbeitskräften. Der Rahmen und die grundlegenden Annahmen für die Schätzung des Gesamtbedarfs der Gesellschaft werden einer empirischen Studie der Erziehungssituation in Ländern mit verschiedenem Entwicklungsniveau entnommen. Auf Grund dieser Vergleiche versucht man, ideale Bezugsgrößen zu finden, z. B. den Prozentsatz des Bruttosozialprodukts, der für das Erziehungswesen aufgewandt werden muß sowie dessen Aufteilung nach Sektoren des Erziehungswesens; den Prozentsatz des Nationalbudgets, der für das Erziehungswesen aufgewandt wird; den Prozentsatz der Investition für das Erziehungswesen; den Prozentsatz der Bevölkerung, die die verschiedenen Erziehungsebenen frequentiert (dieser Prozentsatz muß durch die Schätzungen des Ausfalls korrigiert werden); schließlich die Prozentsätze der Altersgruppen, die auf die verschiedenen Ebenen des Schulwesens entfallen. Diese idealen Koeffizienten werden auf den Index des Wirtschaftswachstums und seiner Rate bezogen.

5. Die „human resources assessment" Methode

Diese von Professor Harbison entwickelte Methode hat einen integralen Ansatz zum Ziel: sie geht von der Annahme aus, daß das Erziehungswesen eine der wichtigsten Quellen menschlicher Arbeitskraft ist. Es muß zu den Ausbildungsmaßnahmen in anderen Sektoren in Beziehung gesetzt werden. Diese Methode versucht die verschiedenen Ausbildungsstufen und ihre Ergebnisse aufeinander abzustimmen und sie in eine allgemeine Planung zu integrieren.

6. Die Methode der dreizehn Schritte

Dieser Ansatz versucht verschiedene andere Methoden miteinander zu verbinden und eine Aufeinanderfolge verschiedener Stufen festzulegen. Die verschiedenen Stufen betreffen sowohl die Beziehung des Erziehungswesens zur wirtschaftlichen und sozialen Situation wie auch interne Faktoren des Erziehungswesens. Die „dreizehn Schritte" sind folgende:

(1) Der erste Schritt ist eine *Projektion der Bevölkerungsentwicklung* für fünfzehn bis zwanzig Jahre. Insbesondere müssen hierbei die Altersgruppen für Schule und Universität nach Jahrgängen gegliedert werden.

(2) Ein *soziales Minimum* muß *postuliert* werden. Ein solches Postulat könnte etwa sein: Erziehung für alle Kinder im schulpflichtigen Alter; das Mindestmaß an Erziehung, das eine Gesellschaft funktionsfähig erhält; allgemeine Alphabetisierung des gesamten Volkes. Die Formulierung des Postulats schließt ebenfalls die eines Datums in sich, an dem dieses Ziel verwirklicht werden soll. Es versteht sich, daß dieses politisch verstandene Ziel später, nach Durchführung weiterer Etappen der Dreizehn-Schritte-Methode, neu überprüft werden muß.

(3) Der nächste Schritt ist eine *Projektion der Wirtschaftsentwicklung* nach Sektoren und Branchen für 15—20 Jahre.

(4) Eine *Analyse des Arbeitskräftebedarfs* ist unbedingt notwendig. Hierbei muß, soweit abzusehen, der technologische Wandel berücksichtigt werden.

(5) Auf Grund der Berufsbedürfnis-Analyse muß nun die *Aufstellung der Erziehungsbedürfnisse* erfolgen. Hierbei kann nicht allzu sehr ins Detail gegangen werden; es sollte lediglich mit 10—15 Berufsgruppen gearbeitet werden. Die Tendenzen in der Schulbevölkerungsentwicklung, wie sie aus Schritt (1) hervorgehen, sollen auf die Kostenstrukturen bezogen werden. Bei der Aufstellung dieser Erziehungsbedürfnisse empfehlen sich Konsultationen mit den Organisationen der Unternehmer und der Gewerkschaften.

(6) Zu den Ergebnissen des vorigen Schrittes gehört die *Hinzufügung des zusätzlichen Erziehungsbedarfes*. Hierunter fällt ein Großteil der Frauen und anderer Personen, die nicht in das Berufsleben eintreten. Weiterhin mußte der Ausfall im Laufe des Erziehungsprozesses, geographische Ungleichheiten sowie ein gewisser Überschuß des Erziehungswesens, der zur Schaffung des Bedarfs und Stimulierung der Entwicklung notwendig ist, berücksichtigt werden.

(7) Danach kann eine Aufstellung der *Logistik des Erziehungsprozesses* erfolgen. Die Pyramide für die Expansion der verschiedenen Erziehungsebenen kann ebenso wie ein Zeitplan aufgestellt werden.

(8) Der achte Schritt ist einer der schwierigsten, da er die *Optionen in der Erziehungsorientation* zum Inhalt hat. Hierunter fallen alle diejenigen grundsätzlichen Entscheidungen, die oben bereits gekennzeichnet worden sind: Qualität versus Quantität, mehr praktische oder theoretische Ausrichtung des Unterrichtes, Betonung der Primar- oder der Sekundarebene usw.

(9) *Festsetzung der qualitativen Ziele.* Hierbei muß der gewünschte Wirkungsgrad der Erziehung in den verschiedenen sozialen Milieus untersucht werden; daraufhin ist die Wirksamkeit des Lehrplans zu untersuchen sowie eine maximale Wirtschaftlichkeit des Erziehungssystems sicherzustellen.

(10) Es folgt eine *vergleichende Analyse der Kosten und Wirksamkeit* alternativer Methoden des Unterrichts und der Lehrerbildung. Es ist notwendig, sowohl die unterschiedlichen Investitionsbedürfnisse wie auch die unterschiedlichen möglichen Ergebnisse der in Schritt (8) und (9) aufgezeigten Optionen aufzustellen und zu vergleichen.

(11) Weiterhin ist dann ein *Kostenvergleich mit anderen Entwicklungsaufgaben* erforderlich. Nach einem internen Ausgleich der Erziehungsbedürfnisse ist eine Abstimmung mit den Erfordernissen in anderen Sektoren notwendig.

(12) *Annahme oder Modifikation des Kostenplans.* Nach den vorangegangenen Schritten kann nun der ursprüngliche Plan des Erziehungswesens entweder angenommen oder auf Grund des Kostenvergleiches mit den anderen Entwicklungsaufgaben modifiziert werden. Dabei ist zu berücksichtigen, daß die wirtschaftlichen Erfordernisse sowie das soziale Minimum auf jeden Fall gewahrt bleiben müssen. Dies geht aus der inneren Logik und dem Selbstverständnis des Entwicklungsplanes als Ganzem hervor.

(13) Der letzte Schritt schließlich besteht aus der Ausarbeitung von *Lenkungsmaßnahmen für Studien- und Berufswahl.* Dieser Schritt erfordert politische Entscheidungen auf hoher Ebene. Sie werden weitgehend durch die vorhergehenden Entscheidungen über die Postulierung des sozialen Minimums (Schritt 3), die Bedarfsschätzung (Schritt 6) sowie die Schlußfolgerungen für die Kosten (Schritt 12) determiniert. Hier ist vor allen Dingen zu entscheiden, in welchem Maße die Schüler und Studenten bei der Wahl bestimmter Ausbildungswege beeinflußt werden sollen und mit welchen Methoden eine solche Beeinflussung zu erfolgen hat. Diese Entscheidung läßt sich nur im allgemeinen Rahmen der Entwicklungsplanung und der nationalen Ideologie treffen.

Es ließe sich noch ein 14. Schritt anschließen, der eine *kontinuierliche Überprüfung und Änderung* der Planung zum Inhalt haben würde.

Eine sorgfältige Überprüfung der Durchführung des Plans ebenso wie der gesamten wirtschaftlichen und sozialen Entwicklung ist notwendig, um ein Auseinanderklaffen zwischen Planung und Wirklichkeit zu verhindern.

B. Die Rolle der Verwaltung in der Erziehungsplanung

Es ist Absicht jeder Planung, Voraussetzungen dafür zu schaffen, daß in die bestehenden Verhältnisse gestaltend eingegriffen werden kann; mit anderen Worten, der Planung muß Exekution folgen, wenn das von der Planung angestrebte Ziel erreicht werden soll. Sowohl Planung als auch Exekution setzen ein Mindestmaß an Organisation und Verwaltung voraus. Vorstellbar ist, daß Planungs- und Exekutivorgane identisch sind, doch werden in einem fortgeschritteneren Stadium der Verwaltung in der Regel selbständige Organe für Planung einerseits, für ihre Durchführung andererseits zuständig sein.

Die wesentlichste Aufgabe der Planungsorgane besteht in der Sammlung von Fakten und Statistiken, in der Analyse der vergangenen und derzeitigen Situationen und in der Abwägung und Auswahl von Alternativen. Aufgabe der Ausführungsorgane ist es, die von den Planungsorganen erstellten Planziele anzustreben und zu verwirklichen. Die endgültige Billigung der von den Planungsorganen unterbreiteten Empfehlungen bleibt oft der Legislative vorbehalten. — Vielfach werden die Planungs- und Exekutivorgane noch durch Aufsichtsorgane ergänzt, deren Funktion es ist, den Prozeß der Ausführung zu überwachen.

In der Organisation der Erziehungsverwaltung bietet sich eine Reihe von Alternativen an[6]. Auf die Struktur der Erziehungsverwaltung wirken sich vor allem spezifisch lokale Gegebenheiten aus. Von entscheidender Bedeutung ist vor allem, ob das Land föderativ oder zentralistisch regiert und verwaltet wird. Da jedoch eine Gesamtplanung eine einheitliche Verwaltung voraussetzt, tendiert jede Planung bis zu einem gewissen Grad zum Zentralismus.

So ist z. B. in der Föderation Nigeria vor allem auf Grund der Notwendigkeit einer einheitlichen Planung des Erziehungswesens der Trend zu einer stärkeren Zentralisierung in den letzten Jahren zu erkennen[7]. Eine derartige Umstrukturierung kann unter Umständen politische Folgen haben, etwa derart, daß sich wohlhabendere Regionen

---

[6] Diez-Hochleitner weist darauf hin, daß sich praktisch in jedem Land eine ganz spezifische Form der Verwaltung findet und daß es keine festen Regeln für die Organisation des Verwaltungswesens geben kann (Diez-Hochleitner, R.: Educational Planning, S. 3 f.).

[7] Vgl. Awokoya, S. O.: Educational Planning in Nigeria, S. 11.

B. Die Rolle der Verwaltung in der Erziehungsplanung 25

sträuben, einer Erziehungsplanung zuzustimmen, die beabsichtigt, daß diese Regionen ihren Wohlstand mit rückständigeren Regionen teilen sollen, um das Erziehungswesen dieser Gebiete stärker fördern zu können. Bei der Planung wird man daher von vornherein auch derartige „Nebenwirkungen" einkalkulieren müssen.

Den Entwicklungsländern stellen sich bei der Verwaltungsorganisation der Bildungsplanung Probleme eigener Art. In der Regel lagen Regierung und Verwaltung bis zum Tage ihrer Unabhängigkeit ganz oder zum überwiegenden Teil in den Händen der Kolonialländer. Mit der Unabhängigkeit stellte sich das Problem, ein Erziehungswesen zu schaffen, das der Autonomie des Landes entspricht und die Basis für Eigenständigkeit und Lebensfähigkeit schafft. Selbst dort, wo der aus der Kolonialzeit überkommene Verwaltungsapparat ganz oder teilweise übernommen werden konnte, mußte er von Grund auf umstrukturiert und den neuen Bedürfnissen angepaßt werden.

Die Erziehungsverwaltung in den Entwicklungsländern vor der Unabhängigkeit weist in der Regel streng zentralistische Züge auf. Mit der Unabhängigkeit stellte sich im Regelfall eine doppelte Aufgabe: einmal, den bestehenden Verwaltungsapparat an den Bedürfnissen eines unabhängigen Landes auszurichten und entsprechend umzustrukturieren, und zum anderen, verwaltungsmäßig die Voraussetzungen für eine großzügige Expansion des gesamten Erziehungswesens zu schaffen.

Im Gefolge der Unabhängigkeit wurde der aus der Kolonialzeit stammende Verwaltungsapparat in der Regel dadurch geschwächt, daß ein Teil des Personals entweder abgezogen, entlassen oder ausgewiesen wurde. Ferner mußten auf Grund des notwendig gewordenen Umstrukturierungsprozesses zusätzliche Aufgaben übernommen werden. Die stärkste zusätzliche Belastung ergab sich mit der Unabhängigkeit durch die Notwendigkeit, verwaltungsmäßig die Voraussetzungen für eine großzügige Expansion des Erziehungswesens zu schaffen.

Ein geschwächter Verwaltungsapparat konnte diese zusätzlichen Belastungen nicht oder nur ungenügend bewältigen. Es wurde notwendig, die lokalen Gemeinschaften an der Verwaltung zu beteiligen, um mit den Aufgaben so gut wie möglich fertig zu werden. Inwieweit zusätzlich das Streben nach einer stärkeren Demokratisierung bei der Beteiligung der lokalen Gemeinschaften an der Verwaltung eine Rolle spielt, dürfte regional sehr unterschiedlich sein.

Im allgemeinen ist nach einer Periode der Dezentralisierung der Verwaltung im Gefolge der Unabhängigkeit ein erneuter Trend zur Zentralisierung festzustellen, sobald sich der Verwaltungsapparat konsolidiert hat. Dieser Trend verstärkt sich im allgemeinen noch dadurch, daß verwaltungsmäßig Aufgaben bewältigt werden müssen, die die Nation als Ganzes betreffen, so z. B. die Bemühungen um ausländische Kapitalhilfen, Errichtung von Universitäten, Erstellung von Schulfunkprogrammen usw.

Während im Erziehungswesen der aus der Kolonialzeit stammende Verwaltungsapparat wenigstens teilweise übernommen werden konnte, mußte eine für die Planung zuständige Verwaltung völlig neu geschaffen werden, wobei der Mangel an Experten sich als das größte Hindernis herausstellte. In den von den Erziehungsministerien der verschiedenen Staaten herausgegebenen Veröffentlichungen finden sich immer wieder Hinweise, wie dringend man auf die Unterstützung ausländischer Planungsexperten angewiesen ist.

Philipps weist in seinem Referat[8] auf diese unbefriedigende Situation in den Entwicklungsländern hin. Er zitiert eine von der UNESCO im Jahre 1962 veröffentlichte Untersuchung („Educational Planning") über 75 Länder, die zu dem Ergebnis kommt, daß die Methoden der Erziehungsplanung und der Statistik im allgemeinen sehr zu wünschen übrig ließen. Besonders im argen liege die Ausbildung derjenigen, die für die Bildungsplanung zuständig sind.

Bei einem Blick auf die bisherige Bildungsplanung in den Entwicklungsländern zeigt es sich, daß an dieser Planung ausländische Experten entscheidenden Anteil haben. C. Doussis weist auf die Unterstützung hin[9], die Griechenland auf dem Gebiet der Bildungsplanung durch die UNESCO erhalten hat. Ähnliche Unterstützungen durch die UNESCO bekommen unter anderem Nigeria und Tanganyika[10].

Der vielen Entwicklungländern als Modell dienende „Ashby Report" in Nigeria wurde von einem internationalen Gremium unter Mitwirkung amerikanischer, britischer und nigerianischer Fachleute erstellt[11]. An dem „Kenya Education Commission Report" wirkten ebenfalls britische und amerikanische Fachleute mit; ferner erhielt die Kommission unter anderem Beratungsdienste von Fachleuten der UdSSR und der Volksrepublik China[12]. In Zambia übernahm eine australische Experten-

---

[8] Philipps, a.a.O., S. 49.

[9] Doussis, C.: Notes on Educational Planning in Greece, S. 3.

[10] Vgl. Report on Educational Progress in 1963/64, Presented at the XXVIIth International Conference on Public Education, Geneva, July 1964, Federal Republic of Nigeria, S. 3, sowie Loveridge, A. S.: Experience of Planning Education in Tanganyika.

[11] Vgl. Investment in Education, The Report of the Commission on Post-School Certificate and Higher Education in Nigeria, 1960, S. 1.

[12] Kenya Education, Commission Report, Part I, Government of Kenya, Nairobi 1964, S. 9/10.

B. Die Rolle der Verwaltung in der Erziehungsplanung

gruppe die Erstellung eines Planungsberichtes[13]. An dem Bericht für Uganda arbeiteten neben zehn inländischen Erziehungsexperten je ein Experte aus Ghana, Nigeria, Indien, den USA und Großbritannien mit. Derartige Beispiele ließen sich beliebig fortführen.

Die von Kommissionen der Internationalen Bank für Wiederaufbau und Entwicklung in einzelnen Ländern geleistete Arbeit auf dem Gebiet der Gesamtwirtschaftsplanung unter Einbeziehung des Erziehungswesens hatte in erster Linie den Zweck, eine Grundlage für eine sinnvolle Investitionspolitik zu schaffen[14].

Vielfach sind auch bereits Ansätze zur Selbsthilfe zu beobachten. In einigen Ländern ist in letzter Zeit die Errichtung von Instituten zur Heranbildung von Fachkräften für Verwaltung, Statistik und Planung festzustellen, wobei sich allerdings das Lehrpersonal in der Regel noch aus ausländischen Fachkräften zusammensetzt. Am weitesten auf diesem Wege scheint innerhalb der afrikanischen Gruppe die V.A.R. vorangeschritten zu sein, die bemüht ist, auch für die anderen arabischen Staaten Fachkräfte heranzubilden. Auf Grund einer Verordnung vom Juli 1960 wurde in der V.A.R. ein Institut zur Ausbildung von Bildungsplanern geschaffen, dessen Aufgabe es ist, Untersuchungen auf dem Gebiet der Planung, Wirtschaft, Statistik, Kunst und Sozialwissenschaft anzustellen und Lehrgänge für die Ausbildung von Personen, die auf dem Gebiet der Bildungsplanung zuständig sind, durchzuführen. Ferner besteht bereits eine Reihe ähnlicher Institute, so vor allem das „Higher Institute of Public Administration" und das „Administrative Training Centre". Ein statistisches Institut, das der Handelsfakultät der Universität von Kairo angegliedert ist, hat zur Aufgabe, die Bildungsplaner mit dem erforderlichen Rüstzeug auszustatten[15].

Die Organisation der Planungsverwaltung weist in den einzelnen Ländern sehr verschiedene Strukturen auf. Im Anfangsstadium wird in der Regel mit der Funktion der Planungsverwaltung die bereits bestehende Erziehungsverwaltung betraut. Mit Zunahme der Aufgaben und Ausweitung des Apparates gehen dann in relativ kurzer Zeit in der Regel eigene Abteilungen für Planung und Statistik aus der bereits bestehenden Verwaltung hervor. Ein typisches Beispiel hierfür ist die Entwicklung in Nigeria.

---

[13] Vgl. Education in Northern Rhodesia, A Report and Recommendations prepared by the UNESCO Planning Mission Sept.—Dec. 1963, Government Printer Lusaka, 1964.

[14] Vgl. z. B.: The Economic Development in Syria, Report of a Mission organized by the International Bank for Reconstruction and Development at the Request of the Government of Syria, Baltimore 1955.

[15] Vgl. Education Planning in the United Arab Republic, Ministry of Education, Cairo 1962, Docum. and Research Centre for Education, S. 13.

Oft werden mit Planungsaufgaben ad-hoc-Kommissionen betraut, die thematisch und zeitlich begrenzte Aufgaben gestellt bekommen. Derartige zunächst nur für eine bestimmte Zeit vorgesehene Untersuchungskommissionen und Beratungsgremien wirken oft als Kristallisationskerne für eine ständige Planungsverwaltung. Ein typisches Beispiel hierfür ist die Entwicklung in der V.A.R.[16].

C. Die Arbeitskräfteerhebungen

Wenn der Ausbau des Erziehungswesens in erster Linie darauf ausgerichtet ist, mehr und besser qualifizierte Kräfte dem wirtschaftlichen Prozeß zuzuführen, wie dies in den Entwicklungsländern der Fall ist, dann muß sich das Erziehungswesen in seiner Struktur an den Anforderungen ausrichten, die Wirtschaft und Gesellschaft an die Qualifikation des Einzelnen stellen. Das bedeutet einmal, daß sich Lehrpläne und Lehrmethoden an den Bedürfnissen von Wirtschaft und Gesellschaft orientieren müssen, und zum anderen, daß das Erziehungswesen bestrebt sein muß, quantitativ den Anforderungen gerecht zu werden, die sich durch die Ausweitung einzelner Berufsgruppen z. B. auf Grund der fortschreitenden Industrialisierung bzw. Automation ergeben.

Jede Entwicklung in Richtung auf eine stärkere Industrialisierung verursacht eine größere Nachfrage nach Kräften mit einer qualifizierten schulischen Vorbildung[17]. (Dieser Prozeß wiederholt sich bei den Industrieländern beim Übergang zur Automation.) Philipps[18] zitiert eine Untersuchung der Associazione per lo sviluppo dell'industria nel Mezzogiorno (SVIMEZ), die für Italien zu dem Ergebnis kommt, daß im Verlauf der Anpassung an die zunehmende Technisierung und Industrialisierung das Schwergewicht in der schulischen Ausbildung sich in zunehmendem Maße auf die mittlere und höhere Schulbildung sowie auf die Hochschulbildung verlagert. Die Verlagerung dieses Schwergewichts werde folgenden Trend aufweisen:

Arbeitskräfte mit	1959	1975
Primarschulbildung	9 500 000	4 400 000
Mittelschulbildung (Lower Secondary)	1 600 000	11 000 000
Sekundarschulbildung (Higher Secondary)	1 200 000	4 500 000
Universitätsausbildung	500 000	1 000 000

---

[16] Vgl. Education Planning in the United Arab Republic, a.a.O., S. 5/6.
[17] Vgl. hierzu Edding, F.: Ökonomie des Bildungswesens — Lehren und Lernen als Haushalt und als Investition, Freiburg 1963, darin speziell der Aufsatz „Mehr Technik bedeutet mehr Ausbildung" (S. 123—129).
[18] Philipps, a.a.O., S. 19/20.

Dieser Trend werde eine wesentliche Verlängerung der Schulzeit zur Folge haben:

Arbeitskräfte mit ... Jahren Schulausbildung:

Jahre Schulbildung:	5	8	10	13	16	19
Prozent im Jahre 1959:	85	10	—	3	—	2
Prozent im Jahre 1975:	—	25	48	16	6	5

Einer geplanten Anpassung des Erziehungswesens muß eine Analyse der gegenwärtigen und künftig voraussehbaren Bedürfnisse vorangehen. Quantitativ bedeutet das, daß veranschlagt werden muß, wie groß der Bedarf an Kräften in den einzelnen Berufsgruppen künftig sein wird. Bei einer derartigen Arbeitskräfteerhebung ist mit verschiedenen Unsicherheitsfaktoren zu rechnen, da es eine Reihe von Faktoren gibt, die sich einer Berechnung entziehen (Beispiele: Invalidität oder Tod, Wirtschaftsdepressionen, neue Erfindungen, Funde von Bodenschätzen usw.).

Zur Berechnung des künftigen Bedarfs an Arbeitskräften bieten sich zwei Grundmöglichkeiten an:

1. Es wird zunächst die Entwicklung eines Landes während der letzten Jahre untersucht, danach eine Bestandsaufnahme der vorhandenen Möglichkeiten (sowohl in finanzieller als auch in personeller Hinsicht) unternommen, um dann zu einer Projektion für die Zukunft zu gelangen. Schwierigkeiten ergeben sich vor allem auf Grund des langen Zeitraumes, für den im voraus geplant werden muß: Die Primarerziehung „verzinst" sich frühestens nach fünf Jahren, während bei der Sekundar- und Hochschulerziehung weit höhere Zeiträume angesetzt werden müssen. Es ist aber sehr schwierig, z. B. den Bedarf an Verwaltungsbeamten oder Ingenieuren für 10 Jahre im voraus zu berechnen, da die Entwicklung nur in seltenen Fällen linear fortschreitet. Gerade auf technischem Gebiet ist es schwierig, den Bedarf an Kräften für Jahre im voraus zu planen, da die Technik selbst sich in einer stürmischen Entwicklung befindet. Ein Beruf, der heute noch gefragt ist, kann morgen bereits auf Grund der Entwicklung — z. B. durch Automation — überflüssig werden. Dieses Problem ist kein typisches der Entwicklungsländer. Dennoch muß man auch hier damit rechnen — und man versucht, den Schwierigkeiten in erster Linie damit zu begegnen, daß man die schulische Ausbildung zwar auf das Berufsleben in einer technisierten Welt hin ausrichtet, man es aber in der Regel vermeidet, die Schüler bereits in der Schule auf ganz bestimmte Berufe hin zu spezialisieren[19]. Verhältnismäßig einfach ist es z. B., den künftigen Bedarf an

---

[19] In seiner Schrift „Schule und Erziehung in der industriellen Gesellschaft" (S. 43/44) versucht Helmut Schelsky herauszufinden, welche Anforderung künftig das Berufsleben in einer industrialisierten Gesellschaft an den

Primarschullehrern auf einen langen Zeitraum im voraus zu berechnen, wenn die Geburtsstatistiken vorliegen.

2. Eine weitere Möglichkeit zur Berechnung des künftigen Bedarfs an Arbeitskräften bietet sich in folgender Methode: Man orientiert sich an der Situation eines anderen Landes oder ganzer Ländergruppen, deren wirtschaftlicher und gesellschaftlicher Stand als erstrebenswert erkannt wird. Es wird zunächst untersucht, wieviel Techniker, Verwaltungsbeamte, Juristen, Ingenieure usw. in dem zum Vorbild genommenen Land auf je 1000 Einwohner kommen, um diese Werte dann als Zielwerte für die Entwicklung im eigenen Land anzusetzen. Hierbei muß vor allem berücksichtigt werden, daß das Modell eines bereits industrialisierten Landes nicht ohne weiteres auf ein noch in der Entwicklung befindliches Land übertragen werden kann, da in einem Industrieland der Wirtschaftsprozeß (und auch der Erziehungsprozeß) in einem hohen Maße auf die Produktion von Konsumgütern ausgerichtet ist, während der Wirtschaftsprozeß in einem Entwicklungsland vorrangig an der Produktion von Investitionsgütern ausgerichtet sein muß. Diese verschiedenartige Ausrichtung hat zur Folge, daß in den Entwicklungsländern zunächst die in der Investition tätigen Berufe unter Vernachlässigung der auf dem Gebiet der Konsumgüterproduktion tätigen Berufe gefördert werden müssen, während sich mit zunehmender Industrialisierung das Schwergewicht mehr und mehr auf die Förderung der auf dem Gebiet der Konsumgüterproduktion tätigen Berufe verlagern kann. Bei dem Versuch einer Modellübertragung der Berufsstruktur von einem Industrieland auf ein in der Entwicklung befindliches Land müssen ferner ganz spezifisch lokale Gegebenheiten berücksichtigt werden, wie z. B. geographische Struktur des Landes, vorhandene Bodenschätze, Verkehrsmöglichkeiten usw. Es wäre zum Beispiel ein sinnloser Versuch, die Berufsstruktur des dichtbesiedelten und hochindustrialisierten Belgien auf das vorwiegend von der Landwirtschaft lebende Nigeria übertragen zu wollen.

In der Praxis wird bei der Arbeitskräfteerhebung keines der beiden aufgezeigten Modelle in der reinen Form angewendet werden, sondern

---

Einzelnen stellen werde, um daraus die Konsequenzen für die Gestaltung des Schulwesens ableiten zu können. Schelsky gelangt zu der Prognose, daß sich die Berufsanforderungen insgesamt mehr auf technisches Verständnis und Reaktionsgeschick sowie auf „abstrakte Charaktereigenschaften und Arbeitstugenden" verlagern. Das Anwachsen der „ubiquitären" Berufe werde eine „höhere Plastizität des Berufskönnens" voraussetzen. Gemeint ist damit, daß es immer weniger Berufe mit fest abgegrenzten Aufgabenstellungen geben werde, und ferner, daß diese Aufgabenstellungen sehr labil sind und sich je nach den veränderten Situationen an neuen Zielen auszurichten haben.

man wird beide Modelle kombinieren und sich je nach den Gegebenheiten stärker nach dem einen oder anderen Modell orientieren[20].

Eine Variante des unter 1. aufgezeigten Modells ist bei der Arbeitskräfteerhebung im heutigen Zambia angewandt worden: Es wurde zunächst die Entwicklung des Bruttosozialprodukts während der letzten acht Jahre von 1962 ab zurückverfolgt, um an Hand dieses Trends die künftige Entwicklung für die nächsten acht Jahre bis 1970 abzuschätzen. Darauf wurde postuliert, daß eine Zunahme des Bruttosozialprodukts und eine Zunahme der Arbeitskräfte mit qualifizierter Ausbildung in einer ganz bestimmten Relation zueinander stehen, woraus sich die Zunahme der Arbeitskräfte mit qualifizierter Ausbildung schätzungsweise errechnen läßt. — Es wurde angenommen, daß einer Zuwachsrate des Bruttosozialprodukts um 1 % eine Zuwachsrate der qualifizierten Arbeitskräfte von 1 bis 1,25 % entspricht[21].

Bei einer Vorausberechnung des Bedarfs an künftigen Arbeitskräften muß eine Reihe weiterer Faktoren berücksichtigt werden, wenn Ungenauigkeiten soweit wie möglich ausgeschaltet werden sollen. In den Entwicklungsländern ist in den qualifizierten Berufen in der Regel eine Reihe von ausländischen — vor allem europäischen — Experten tätig, die ihren Arbeitsplatz auf Grund der sich wandelnden politischen Situation verlassen, um in ihr Heimatland zurückzukehren[22]. Andererseits besteht gerade in den Entwicklungsländern der Trend, ausländische Kräfte für die Periode des Entwicklungsprozesses anzuwerben. In welchem Ausmaße das gelingt, kann nur selten über einen längeren Zeitraum bestimmt werden.

Bei der Arbeitskräfteerhebung muß ferner die Ausfallrate durch Alter, Invalidität und Tod berücksichtigt werden. Im „Ashby Report"[23] wird diese Ausfallrate mit 2½ % angesetzt, im Erziehungsbericht des heutigen Zambia[24] mit 3 %. — Berücksichtigt werden muß, daß die Ausfallrate in Berufen mit einer langen Ausbildungszeit infolge des wesent-

---

[20] Bedenken gegen die isolierte Verwendung einer der beiden aufgezeigten Methoden zur Vorausschätzung des Arbeitskräftebedarfs äußert Prof. G. Bombach, Basel, in: „Bildungswesen und wirtschaftliche Entwicklung", a.a.O., S. 34—37.

[21] Vgl. Education in Northern Rhodesia, A Report and Recommendations presented by the UNESCO Planning Mission, 28th September—2nd December 1963, Paris, 9th Dec. 1963, S. 14.

[22] Vgl. hierzu z. B. die Situation im Kongo (Léopoldville): The Educated African, A Country-by-Country Survey of Educational Development in Africa, Compiled by Ruth Sloan Associates, Edited by Helen Kitchen, London 1962, S. 204.

[23] Vgl. Investment in Education, The Report of the Commission on Post-School Certificate and Higher Education, Federal Ministry of Education, Nigeria, 1960, S. 53.

[24] Vgl. Education in Northern Rhodesia, a.a.O., S. 14.

lich späteren Berufseintrittes — und oft auch infolge der stärkeren physischen und psychischen Belastung — wesentlich höher liegt als in Berufen mit einer kurzen Ausbildungszeit.

II. Die erzieherische und sozio-ökonomische Rolle der Schule (unter besonderer Berücksichtigung ihrer qualitativen und quantitativen Ausbreitung)

Im Zentrum der Bildungsplanung steht das Bemühen, Voraussetzungen dafür zu schaffen, daß das Erziehungswesen einen maximalen Wirkungsgrad erreicht, um die Bedürfnisse des jeweiligen Landes befriedigen zu können. Der Begriff des „Bedürfnisses" ist dabei so umfassend wie möglich zu interpretieren. Er umfaßt den wirtschaftlichen, politisch-kulturellen und auch religiösen „Bedarf" des Individuums, der Gemeinschaft und des Staates[25].

Da in den Entwicklungsländern die zur Verfügung stehenden Möglichkeiten bei weitem nicht ausreichen, um den gesamten Bedarf decken zu können, muß es bereits in der Planung zur Aufstellung von Prioritäten kommen. Die Hauptschwierigkeiten bei einem derartigen Vorgehen liegen darin, daß sich das Erziehungswesen vor allem an jenen Verhältnissen orientieren soll, die gegeben sein werden, wenn der Schüler die Bildungsinstitution verläßt und in das Wirtschaftsleben eingegliedert wird[26]. Bei einer Vorausschau der künftigen Entwicklung muß aber stets eine Reihe von Unsicherheitsfaktoren miteinkalkuliert werden.

Wenn die „Bedürfnisse" generell als Richtschnur bei der Orientierung des Erziehungswesens dienen, so muß dabei beachtet werden, daß es innerhalb der breiten Skala der Bedürfnisse nur wenige gibt, die praktisch allen Ländern gemeinsam sind, so z. B. der Bedarf an technisch geschultem Personal. Andere Bedürfnisse sind Ländern gemeinsam, die sich in einer ganz spezifischen Situation befinden, so z. B. der Bedarf an Verwaltungskräften in unabhängig gewordenen Staaten, in denen das bisherige Verwaltungspersonal abgezogen oder ausgewiesen wurde. — Wie verschiedenartig die Bedürfnisse sein können, die den Maßstab für eine Orientierung des Erziehungswesens setzen, zeigt sich bei einem Vergleich der Situation des hochindustrialisierten Schweden[27]

---

[25] Eine detailliertere Definition dieses Begriffes findet sich bei Philipps, a.a.O., S. 4.

[26] Näheres hierzu vgl. Lewis, L. J.: Evaluation of Educational Planning in Africa, S. 1.

[27] Vgl. Husén, T.: The Role of Educational Research and Planning in Connection with the Swedish School Reform.

mit der eines jeden Entwicklungslandes. Selbst innerhalb der Gruppe der Entwicklungsländer besteht noch ein relativ breites Band von Bedürfnissen, die, je nach der geographischen Lage, den ausländischen Beziehungen, der Mentalität der Bewohner, den vorhandenen Bodenschätzen usw. variieren.

Dennoch zeigt sich bei einem Vergleich der Situation in den Entwicklungsländern oft eine sehr weitgehende Parallelität der Bedürfnisse. Wenn es gelingt, diese Bedürfnisse zu typisieren und als Anhaltspunkte für eine Orientierung der einzuleitenden Maßnahmen modellartig in den Griff zu bekommen, besteht die Chance, daß es auch gelingt, entsprechende Modelle für eine Orientierung zur Deckung dieser Bedürfnisse zu entwerfen. Erste Erfolge mit einer derartigen Modellplanung wurden bereits auf Grund der Bemühungen der afrikanischen Erziehungsminister in Tananarive erzielt, als die Bestandsaufnahme ergab, daß es in den afrikanischen Ländern vor allem an Kräften mit Sekundarschulbildung mangele, und empfohlen wurde, das Sekundarschulwesen ganz allgemein auch dann bevorzugt auszubauen, wenn der Ausbau des Primarschulwesens darunter leide.

Die Vorteile einer derartigen Modellplanung sind evident: bei der Einzelplanung können zunächst die Grundzüge der Modellplanung übernommen werden, um sie nur noch den spezifisch lokalen Eigentümlichkeiten anzupassen. In der Modellplanung bietet sich zudem ein brauchbares Instrumentarium zur Extrapolation, wenn Interpolation aus irgendwelchen Gründen (z. B. aus Mangel an statistischem Material) nicht möglich ist. Modellplanung kann jedoch mit Erfolg nur auf regionaler Basis erfolgen, das heißt bei der zusammenfassenden Betrachtung von Ländern mit annähernd gleicher Struktur. Es ist zu bezweifeln, ob ein generelles „Entwicklungslandmodell" geschaffen werden kann[28]. — Dagegen bestehen hohe Chancen für die Bildung eines brauchbaren Modells, wenn Länder einer Region (z. B. Ost- oder Zentralafrika) oder gleicher ehemaliger Kolonialverwaltung (etwa frankophone Länder Westafrikas) zusammengefaßt werden.

Um einen möglichst maximalen Wirkungsgrad bei der Deckung des Bedarfs zu erreichen, gilt es sowohl bei der Modellplanung als auch bei der Einzelplanung vor allem darauf zu achten, daß 1. die Lehrpläne auf die (gegenwärtigen und künftigen) Bedürfnisse des Landes abgestimmt sind und daß 2. die Struktur der Erziehungspyramide der (gegenwärtigen und zukünftigen) Struktur der Beschäftigungspyramide entspricht.

---

[28] Vgl. Näheres hierzu bei Edding, Ökonomie des Bildungswesens, a.a.O., S. 166 ff.

A. Lehrplan — Lehrmittel

Awokoya betont in seinem Referat[29], daß die schulische Erziehung ihren letzten Sinn verfehle, wenn die Lehrpläne nicht darauf abgestimmt seien, die Schüler darauf vorzubereiten, sich im wirtschaftlichen und gesellschaftlichen Leben zu bewähren. Es sei geradezu eine Quelle großer sozialer Unzufriedenheit und politischer Unruhen, wenn die Schüler eine Ausbildung erhalten, die ihnen nicht die Möglichkeit eröffnet, sich im Berufsleben zu bewähren. Die Schulerziehung müsse derart gestaltet sein, daß die Schulabgänger ohne Komplikationen als aktive Mitglieder in die Gesellschaft eintreten und ihren Teil zum sozialen und wirtschaftlichen Wachstum beitragen können.

Ein unzufriedenes Bildungsproletariat kann für die Gesellschaft ein ständiger Unruhe- und Gefahrenherd sein. So rekrutiert sich z. B. im Kongo (Léopoldville) ein großer Teil der Aufständischen aus dem dropout der Schulen und Hochschulen. Für Nigeria berichtet Kenneth W. J. Post: „... so könnte eine erhebliche Ausdehnung des allgemeinen Schulwissens im Norden unter Umständen zur Bildung einer Oppositionspartei führen. Auch im Süden kann nur eine Erweiterung des Schulwesens einen politischen Wandel mit sich bringen, dessen Richtung freilich unmöglich vorauszusagen ist. Immerhin besteht die Gefahr, daß mehr Schulbildung zu wirtschaftlicher Unzufriedenheit führt, wenn nicht genügend geeignete Arbeitsplätze zur Verfügung stehen. Es ist möglich, daß das nächste entscheidende Ereignis in der politischen Entwicklung Nigerias die Bildung einer Partei ist, die die unzufriedenen Schulabgänger der sechziger Jahre sammelt[30]."

Lewis weist in seinem Referat[31] auf die Bemühungen hin, die in den afrikanischen Staaten unternommen werden, um die Lehrpläne den Bedürfnissen der Gesellschaft anzupassen. Während der Kolonialzeit dienten die Lehrpläne faktisch in erster Linie zur Anglisierung bzw. Französisierung der betreffenden Kolonialländer. Auch in der neueren Erziehungsplanung seien bisher noch keine entscheidenden Erfolge bei der Neuorientierung der Lehrpläne erzielt worden, wenn auch gewisse Fortschritte auf dem Wege zu einer Verstärkung des landwirtschaftlichen Unterrichtes und in einem etwas geringerem Maße des beruflichen und technischen Unterrichtes zu beobachten seien. Die Geschichte der afrikanischen Bildungsplanung sei „voller Trümmer von Versuchen, das Erziehungswesen an der Praxis auszurichten".

---

[29] Vgl. Awokoya, a.a.O., S. 16; ähnlich Edding, a.a.O., S. 119.
[30] In: Weiler, H. N. (Herausgeber): Erziehung und Politik in Nigeria, Freiburg 1964, S. 150; vgl. ferner S. 145 f. sowie S. 128 ff.
[31] a.a.O., S. 11/12.

Der Aufstellung von Lehrplänen muß eine Analyse über die Beschäftigungslage und den gegenwärtigen und künftigen Personalbedarf in Wirtschaft und Gesellschaft vorangehen. Die derzeit oft übliche Praxis dagegen sei verfehlt, den wachsenden Bedürfnissen durch eine lineare Erweiterung der überkommenen Ausbildungskapazitäten begegnen zu wollen. Bisher sei in den afrikanischen Ländern zu wenig geschehen, um die Lehrpläne systematisch zu überprüfen und sie den Bedürfnissen anzupassen.

Diez-Hochleitner betont in seinem Referat[32] ebenfalls die Notwendigkeit einer stärkeren Ausrichtung der Lehrpläne an den Bedürfnissen des Arbeitsmarktes und des Wirtschaftslebens. Dennoch sei es erforderlich, daß die Schule in stärkerem Maße berufliche Anpassungsfähigkeit und Wandlungsfähigkeit vermittele. Die Lehrpläne für technische und berufliche Ausbildung sollten sich um einer größeren Flexibilität willen auf eine breite Basis stützen[33].

Lehrmittel

Wenn die Anpassung der Lehrpläne an die Bedürfnisse der Gegenwart und Zukunft Erfolg haben soll, müssen entsprechend auch die Lehrmittel überprüft und auf den neuesten Stand gebracht werden. Diese Notwendigkeit zeigt sich in aller Deutlichkeit bei den Lehrbüchern, die sich oft geradezu als Konservierungsmittel überkommener Lehrinhalte erweisen. Wenn Awokoya[34] feststellt, daß der überwiegende Teil der in nigerianischen Schulen verwendeten Lehrbücher aus dem Ausland stammt, so dürfte das in der Regel auch für die anderen Entwicklungsländer gelten. — Es sei noch immer ein weiter Weg zurückzulegen, bis es gelungen sein werde, die Schulbücher auf die lokalen Gegebenheiten abzustimmen. Versucht werden müsse, Schulbuchautoren zu finden, die mit den Lebensformen des jeweiligen Landes vertraut sind. Verbessert werden müßten vor allem die Schülerbüchereien. Ferner besitzen nur wenige Sekundarschulen naturwissenschaftliche Übungsräume, die zudem nur ungenügend ausgerüstet sind. Schulfunk und Schulfernsehen befinden sich im allgemeinen noch im Anfangsstadium.

B. Die Struktur der Erziehungspyramide

Um eine ausgewogene Erziehungspyramide planen zu können, die dem Bedarf der Beschäftigungspyramide entspricht, muß zunächst die Struk-

---

[32] Diez-Hochleitner, a.a.O., S. 6.
[33] Zum Problem der Adaption der Lehrpläne vgl. ferner Edding, a.a.O., vor allem S. 118—121 sowie S. 174—177.
[34] Awokoya, a.a.O., S. 9.

tur der Beschäftigungspyramide analysiert werden (näheres hierüber vgl. Abschnitt I C: Arbeitskräfteerhebung). Mit anderen Worten, die Richtschnur für die Struktur der Erziehungspyramide ergibt sich aus der Struktur der zu erwartenden Beschäftigungspyramide. Dabei muß jedoch beachtet werden, daß es nicht immer möglich ist, die Erziehungspyramide unmittelbar an der Beschäftigungspyramide zu orientieren, da die Erziehungspyramide in ihrer Struktur eine eigene Gesetzmäßigkeit aufweist. Es ist z. B. nicht ohne weiteres möglich, die Kapazität der Universitätsausbildung wesentlich zu erweitern, wenn nicht zuvor durch eine Erhöhung der Kapazität der Sekundarschulbildung eine Voraussetzung hierfür geschaffen worden ist — oder die Kapazität der Primarausbildung zu erweitern, wenn nicht zuvor die Kapazität der Lehrerbildung vergrößert worden ist.

Die Planung einer in sich ausgewogenen und am Bedarf orientierten Erziehungspyramide erweist sich in den Entwicklungsländern als ein schwerwiegendes Problem. Oft wird argumentiert, daß die Industrieländer dieses Problem nicht kennen, da sich hier im Laufe der Zeit ein Ausgleich wie von selbst eingestellt habe und infolgedessen eine Revision der bestehenden Verhältnisse nicht erforderlich sei[35]. Inwiefern das richtig ist, mag dahingestellt bleiben. Verwiesen sei nur auf den Umstand, daß in der Bundesrepublik künftig ein stetig wachsender Bedarf an Lehrkräften für die mathematisch-naturwissenschaftlichen Fächer voraussehbar ist, während der Bedarf an Lehrkräften für geisteswissenschaftliche Fächer bei weitem nicht im gleichen Umfange steigt, ja sogar zurückgeht.

Awokoya berichtet in seinem Referat[36] von der in Nigeria gemachten Erfahrung, daß es entscheidend auf eine ausgewogene und gut proportionierte Erziehungspyramide ankomme. Wenn eine Erziehungsstufe auf der anderen aufbaut, kann keine Stufe für sich allein geplant werden. Kurzfristige Maßnahmen zur Behebung von Engpässen auf einer Stufe können zwar zeitlich begrenzte Lösungen bedeuten, aber in der Regel verschieben sich die Schwierigkeiten nur auf eine andere Ebene. Auf diese Interdependenz innerhalb der Erziehungspyramide weist auch Diez-Hochleitner in seinem Referat[37] hin.

Sehr weitgehende Konsequenzen aus der Notwendigkeit einer Anpassung der Erziehungspyramide an die Bedürfnisse der Beschäftigungspyramide sind im tunesischen System gezogen worden, wie Béchir Jaibi

---

[35] J. H. Abdel-Rahman: Manpower Planning in the U.A.R., in: Etude Mensuelle sur l'économie et les finances de la Syrie et des Pays arabes, Juin 1963, S. 34—47.
[36] Awokoya, a.a.O., S. 10/11.
[37] Diez-Hochleitner, a.a.O., S. 6.

in seinem Referat[38] berichtet. In Tunesien ist zunächst der zu erwartende Bedarf an Personen in den jeweiligen Berufsgruppen festgestellt worden. Um diesen Bedarf decken zu können, müßten etwa 37 bis 45 % der Primarschulabsolventen weiterführende Schulen besuchen, und zwar ein Drittel Mittelschulen (3 Jahre) und zwei Drittel Sekundarschulen (6 Jahre). Entsprechend dem in Tunesien zu erwartenden Personalbedarf in der Beschäftigungspyramide müßten an den Mittelschulen 20 % die allgemeinbildende Fachrichtung besuchen, 20 % die kaufmännische und 60 % die gewerbliche Fachrichtung. — In der Sekundarschule ist entsprechend dem zu erwartenden Personalbedarf folgende Aufteilung vorgesehen: ein Fünftel der Schüler sind für die Ausbildung als Primarschullehrer vorgesehen, zwei Fünftel für die naturwissenschaftliche und mathematische Fachrichtung, die zum Universitätsstudium führt, und je ein weiteres Fünftel ist für die technische und für die volkswirtschaftliche Fachrichtung.

C. Das Problem des vorzeitigen Abganges von der Schule
(Verlustquote — drop-out)

Im Erziehungswesen der Entwicklungsländer wirkt sich der vorzeitige Abgang von der Schule in einem viel stärkeren Maße als in den Industrieländern aus. Der Grund liegt einmal darin, daß die Entwicklungsländer auf jeden angewiesen sind, der die Schule erfolgreich beendet, und zum anderen darin, daß die Verlustquoten im Erziehungswesen der Entwicklungsländer im allgemeinen viel höher liegen als in den Industrieländern. Zurückzuführen sind diese höheren Verlustquoten vor allem darauf, daß systematische Schulerziehung der Lebensart der Bevölkerung weitgehend fremd ist (bzw. bis in die jüngste Zeit war). Ein Kind, dessen Eltern weder schreiben noch lesen können, hat starke „Milieusperren" zu überwinden, um in der Schule erfolgreich sein zu können.

Auf das Problem der Verlustquoten durch vorzeitigen Abgang wurde in den Referaten der Tagung wiederholt hingewiesen[39]. Diez-Hochleitner betonte, daß alle Bemühungen, die in die Ausbildung eines Kindes

---

[38] Jaibi, B.: The Planning of Education and of Cadre-Training in Tunisia, S. 12/13.

[39] Vgl. Doussis, a.a.O., S. 9. — Centre Régional de Formation des Cadres Supérieurs de l'Enseignement dans les Etats Arabes: Educational Requirements in the Arab World, Research Plan, S. 4. — Diez-Hochleitner, a.a.O., S. 5/6. — Loveridge, a.a.O., S. 20. — Awokoya, a.a.O., S. 14. — Bahr, Kl.: The Programme on Educational Investment and Planning (E.I.P.) of the Organisation for Economic Co-operation and Development, S. 13/14.

investiert werden, das bereits nach ein bis zwei Jahren die Schule verläßt, vom ökonomischen Standpunkt aus unwirksam sind. Aus Gründen der Rationalität und Wirtschaftlichkeit müsse alles versucht werden, die Verlustquoten auf ein Minimum zu reduzieren.

Zu unterscheiden sind zweierlei Arten von Verlustquoten: einmal der vorzeitige Abgang von der Schule (drop-out), zum anderen unangemessene Verlängerung der Schulzeit durch Wiederholung oder auch durch Verwendung von nicht rationellen Lehrmethoden, Lehrplänen oder nicht genügend vorgebildetem Lehrpersonal. Während durch den vorzeitigen Abgang die bereits investierten Bemühungen um den Erfolg gebracht werden, wird durch eine unangemessene Verlängerung der Schuldauer die vorhandene Ausbildungskapazität gemindert. Die Gründe für den vorzeitigen Abgang und die Verlängerung der Schulzeit sind sehr mannigfaltig: mangelnde Begabung, unangemessene Auslesemethoden, frühzeitige Heirat, Tod des Unterhaltspflichtigen, mangelnder Beratungsdienst usw. Im allgemeinen erweist es sich, daß die Verlustquoten in ländlichen Gebieten am größten sind, ferner bei Mädchen und bei Kindern aus unteren Schichten. Ein stärkerer vorzeitiger Abgang von der Schule zeigt sich auch bei afrikanischen Kindern im Vergleich mit Kindern europäischer Abstammung[40].

Im „Report of the Uganda Education Commission"[41] werden zusammenfassend folgende Gründe und Ursachen für den vorzeitigen Abgang von der Schule genannt: Kosten für Schulgelder, vor allem in großen Familien; schlechte Familienverhältnisse und mangelnde elterliche Aufsicht über ihre Kinder; mangelndes Verständnis der Eltern für den Wert einer guten Schulbildung; zeitweiliges oder ständiges Fernhalten der Kinder von der Schule, um sie in der Landwirtschaft oder im Haushalt zu beschäftigen; Ermüdung aufgrund langer Schulwege; längere Krankheit aufgrund elterlicher Nachlässigkeit oder ungenügender ärztlicher Versorgung; phlegmatische Haltung überalterter Schüler; Mangel an Zusammenarbeit zwischen Elternhaus und Schule, was oft auf die Überlastung der Lehrer zurückgeführt werden müsse. Der vorzeitige Abgang der Mädchen von der Schule sei vor allem darauf zurückzuführen, daß die Mädchen im Haushalt beschäftigt werden; außerdem spiele der Wunsch der Eltern eine Rolle, die Tochter frühzeitig zu verheiraten, ferner das Mißtrauen der Eltern gegen Koedukation und die Furcht, die Kinder lange Schulwege allein gehen zu lassen; schließlich bestehe noch immer das Vorurteil, daß für Mädchen Schulbildung

---

[40] Vgl. Education in Kenya, 1961—1967, by C. Arnold Anderson, Comparative Education Centre, University of Chicago, S. 14.

[41] Education in Uganda, The Report of the Uganda Education Commission — 1963; Printed in the Government Printer, Entebbe 1963.

keine Bedeutung habe. Das Ausmaß des vorzeitigen Abganges läßt sich nur selten präzis bestimmen, da einmal die Schulstatistiken im allgemeinen noch sehr zu wünschen übrig lassen, zum anderen aber, weil Wiederholer, Umschuler oder auch der Tod eines Schülers in den Statistiken Verzerrungen ergeben.

In den Entwicklungsländern werden verschiedene Wege beschritten, um die Verlustquoten möglichst gering zu halten. In erster Linie ist man darum bemüht, die Ausbildungskapazität zu erweitern, um nicht durch die Notwendigkeit einer unangemessen strengen Selektion die Kinder zwangsweise von der Schule fernhalten zu müssen. So wird etwa der Ausfall der Hälfte aller Schüler 1963 im heutigen Zambia beim Übergang von der vierten Primarschulklasse (Standard III) nicht auf einen Mangel an Begabung und Interesse zurückgeführt, sondern auf den Mangel an Plätzen[42].

In vielen Ländern bemüht man sich, durch Aufklärungskampagnen die Eltern dazu anzuhalten, die Kinder möglichst bis zum regulären Schulabschluß auf der Schule zu lassen. Ferner ist man bestrebt, die Auswahlmethoden durch die Einführung von Tests, Beratungsdiensten usw. zu verbessern. So erwägt z. B. die „Southern Rhodesia Education Commission"[43] die Errichtung eines „School Examination Council", der sich aus Lehrern, Verwaltungsbeamten, Psychologen und Statistikern zusammensetzen soll. Die „Northern Rhodesia Education Commission" regt in dieser Hinsicht ein gemeinsames Vorgehen der West-, Zentral- und Ostafrikanischen Staaten an, um moderne Prüfungsmethoden im Primar- und Sekundarschulbereich einzuführen und dem Unterrichtswesen dienstbar zu machen[44]. Ein Grund für den unregelmäßigen Schulbesuch sind vor allem in ländlichen Gebieten oft die langen und beschwerlichen Schulwege. Hier bietet sich einmal der Bau von Internatsschulen an, zum anderen der Einsatz von Schulbussen. Beide Maßnahmen können wegen der begrenzten Mittel nur in sehr beschränktem Umfange durchgeführt werden. Eine Möglichkeit zur Verringerung des vorzeitigen Abganges von der Schule infolge des Todes des Unterhaltspflichtigen bietet sich, wenn von staatlicher Seite künftig die Kosten für den Unterhalt des Schülers getragen werden, wie dies in Nigeria z. B. bereits der Fall ist[45].

---

[42] Vgl. Education in Northern Rhodesia, a.a.O., S. 20 f.

[43] Vgl. Report of the Southern Rhodesia Education Commission 1962, Presented to the Legislative Assembly 1963, Government Printer Salisbury 1963, S. 75 f.

[44] Education in Uganda, a.a.O., S. 39.

[45] Awokoya, a.a.O., S. 14.

D. Die Erwachsenenbildung

Philipps weist in seinem Referat auf die Notwendigkeit hin, die Voraussetzungen dafür zu schaffen, daß der aufgrund ungenügender Bildung am Wirtschaftsgeschehen nicht partizipierende Teil der Bevölkerung künftig durch bessere Bildung aktiv an der Wirtschaftsentwicklung beteiligt werden könne[46].

Diez-Hochleitner unterscheidet drei Typen der Erwachsenenbildung[47]:

a) Erwachsenenbildung in fortgeschritteneren Ländern; dieser Typus entspricht etwa der Volkshochschulbildung;

b) Erwachsenenbildung mit dem Ziel der Berufsfortbildung, in erster Linie, um den sich ändernden Bedingungen und Anforderungen auf dem Arbeitsmarkt gerecht werden zu können;

c) Erwachsenenbildung für Analphabeten oder für Erwachsene mit geringem Bildungsniveau, um sie in einem stärkeren Maße in das Wirtschaftsgeschehen zu integrieren.

In den Entwicklungsländern herrsche der letztgenannte Typus der Erwachsenenbildung vor.

Diez-Hochleitner äußert Bedenken gegen reine Alphabetisierungs-Kampagnen, die oft soziale oder individuelle Enttäuschungen hervorrufen oder verschärfen. Derartige Kampagnen seien nicht geeignet, die Lebensbedürfnisse der Erwachsenen zu befriedigen, deren Lese- und Schreibunkundigkeit letztlich auf sozio-ökonomische Gründe zurückzuführen seien; deshalb müsse zunächst versucht werden, die Lebensbedingungen zu verbessern.

In der Erwachsenenbildung seien wirtschaftlich-ökonomische Erwägungen von vorrangiger Bedeutung. Die Förderung der Erwachsenenbildung aus Mitteln des Staatshaushaltes sei gerechtfertigt, wenn es gelinge, den mit einer besseren Bildung versehenen Personen entsprechend bessere Arbeitsmöglichkeiten zu bieten und sie auf diese Weise stärker an der Wirtschaftsentwicklung zu beteiligen.

Analphabeten seien eine Quelle sozialer Spannungen, wenn ihre gesteigerten Erwartungen durch oberflächliche Alphabetisierungs-Kampagnen enttäuscht würden, durch die ihnen nichts vermittelt werde als bloßes Lesen und Schreiben und ihnen kaum die Möglichkeit eröffnet wird, ihre auf diese Weise erworbenen Kenntnisse und Fähigkeiten zu verwerten.

---

[46] Philipps, a.a.O., S. 38.
[47] Diez-Hochleitner, a.a.O., S. 7.

II. Die erzieherische und sozio-ökonomische Rolle der Schule

Nach einem Bericht der „Welt"[48] können zwei Fünftel aller Menschen (oder 700 Millionen), die über 15 Jahre alt sind, nicht Lesen und Schreiben. Die Interparlamentarische Union (IPU) hat auf ihrer 53. Konferenz im August 1964 in Kopenhagen wirksame Maßnahmen zur Bekämpfung des Analphabetentums von allen Regierungen gefordert. Die UNESCO wurde von der IPU aufgefordert, ihre Kampagne gegen das Analphabetentum in aller Welt zu verstärken und dafür ein langfristiges Programm zu entwickeln. Im September 1965 hielt die UNESCO in Teheran einen Kongreß zur Bekämpfung des Analphabetentums ab, an dem 600 Delegierte aus 117 Ländern teilnahmen. Die Ergebnisse dieses Kongresses lagen bei Abfassung des vorliegenden Berichtes noch nicht vor.

Lewis weist in seinem Referat[49] darauf hin, daß die Bemühungen um die Bekämpfung des Analphabetentums unter der erwachsenen Bevölkerung im allgemeinen noch wenig fortgeschritten sind. Künftig werde den Massenmedien auf diesem Gebiet große Bedeutung zukommen.

Auf den Einsatz von Massenmedien bei der Bekämpfung des Analphabetismus unter den Erwachsenen wird in den Erziehungsberichten der Entwicklungsländer immer wieder hingewiesen. So ist z. B. in der V. A. R. ein Fernsehprogramm aufgenommen worden, das dreimal in der Woche Unterrichtssendungen zum Erlernen von Schreiben und Lesen durchführt, ferner zum Erlernen von Englisch, Französisch und Deutsch sowie zur Einführung in die Naturwissenschaften und in die Sozialkunde[50].

E. Die Lehrer — Status, Rekrutierung, Leistung

Bei einem Vergleich der Situation des Erziehungswesens in den Entwicklungsländern fällt auf, daß die Personallage im Lehrberuf fast überall die gleiche ist: Es besteht ein drückender Mangel an Lehrkräften, der sich besonders stark in den naturwissenschaftlichen und technischen Fächern bemerkbar macht. Wegen der geringen Lehrergehälter ist der Lehrberuf in fast allen Entwicklungsländern nicht attraktiv. Weitgehend dient die Lehrerausbildung nur als Sprungbrett für besser bezahlte andere Berufe. Über die Qualifikation der Lehrer

---

[48] „Die Welt" vom 16. 7. 1964: Immer noch der Turm von Babel — Internationale Erziehungskonferenz in Genf ohne Ergebnis.

[49] Lewis, L. J.: Educational Planning in Developing Countries, S. 19.

[50] Vgl. Report on the Development of Education in the U.A.R. in the School Year 1963/64; Presented at the XXVIIth International Conference, Geneva, July 1964, The United Arab Republic Ministry of Education and Research Centre for Education, S. 6.

wird in der Regel bitter geklagt. Vielfach wird versucht, vor allem für die qualifizierten Lehrberufe ausländische Kräfte anzuwerben.

Diez-Hochleitner schätzt[51] den Lehrerbedarf für 14 lateinamerikanische Länder für die nächsten zehn Jahre auf 400 000. Das monatliche Durchschnittseinkommen belaufe sich auf nicht mehr als 60 Dollar, obwohl die Lehrergehälter im Primarschulwesen allein 90 % der Gesamtausgaben ausmachen.

Für Nigeria charakterisiert Professor Harbison[52] die Lehrerausbildung „als eine Art Vorbereitung auf Positionen in anderen Sektoren". Das müsse um so mehr bedauert werden, als gerade zum Lehrerberuf die wirtschaftliche und kulturelle Zukunft des Landes in starkem Maße abhänge. Verwiesen wird vor allem auf die Möglichkeit, den Lehrerberuf durch Werbung sowie durch Anhebung der Gehälter attraktiver zu gestalten.

Vielfach rekrutiert sich das erforderliche Personal zum Aufbau einer afrikanischen Verwaltung aus dem Lehrerstand. So ist z. B. in Uganda zu beobachten, daß mit der Afrikanisierung der Verwaltung eine Europäisierung des Lehrpersonals an den Sekundarschulen parallel läuft, da eine Reihe afrikanischer Lehrer in den Verwaltungsdienst übergeht und die Lücken durch Anwerbung europäischer Lehrer zu schließen versucht werden[53].

Willfried Feuser charakterisiert die Situation in Nigeria in folgender Weise: „Da großer Lehrermangel herrscht, gesteht man den Lehrern allerlei Freiheiten zu. Besonders in den Naturwissenschaften müssen immer wieder Ausländer die Personallücken schließen. 1960 schrieben die nigerianischen Zeitungen häufig von der Möglichkeit der Anwerbung deutscher Lehrkräfte für den naturwissenschaftlichen Unterricht. Bisher steht der Erfolg solcher Pläne noch aus[54]." — Und: „Der Banjo Report verspricht sich bei der Beschaffung von Lehrkräften für die technischen Fächer in erster Linie von Deutschland, sodann von Schweden und Frankreich Starthilfe[55]."

Die Ashby Commission gelangt zu der Feststellung[56], daß von 80 000 Primarschullehrern im Jahre 1958 die meisten für ihre Aufgabe in bedauernswerter Weise unvorbereitet waren. Drei Viertel waren „uncertificated", von denen, die ein Zertifikat nachweisen konnten, hatten

---

[51] Diez-Hochleitner, a.a.O., S. 17.
[52] Investment in Education in Nigeria. The Report of the Commission on Post-School Certificate and Higher Education in Nigeria, Federal Ministry of Education, Nigeria 1960, S. 17.
[53] Vgl. Education in Uganda, a.a.O., S. 49.
[54] Weiler (Hrsg.), Erziehung und Politik in Nigeria, S. 206.
[55] Ebd., S. 207.

zwei Drittel lediglich die Primarschule besucht. Die Kommission schätzt, daß neun Zehntel der Primarschullehrer nicht genügend auf ihre Aufgabe vorbereitet sind. Ähnliche Qualifikationsmängel stellt die Kommission bei Sekundarschullehrern sowie bei dem Lehrpersonal der Lehrerbildungsanstalten fest.

Zur Behebung dieser Qualifikationsmängel werden von der Kommission einmonatige Lehrerfortbildungskurse vorgeschlagen, die bis zu 80 000 Lehrer erreichen sollen. Diese Kurse sollten vor allem der Weiterbildung der Kenntnisse in der englischen Sprache dienen. Es müsse versucht werden, zu diesem Zweck vor allem Lehrpersonal aus Großbritannien und den Vereinigten Staaten zu gewinnen. Diese Situation in Nigeria kann durchaus als typisch für den größten Teil der Entwicklungsländer bezeichnet werden. So wird z. B. im „Kenya Education Commission Report" beklagt[57], daß 1963 insgesamt 6418 Lehrer ohne Ausbildung unterrichteten. Von diesen Lehrern besaßen 1654 nicht einmal das K.P.E.-Certificate (Abschluß der Primarschule). In Uganda sind etwa 40 % der Primarschullehrer nicht genügend qualifiziert[58]. Die Beherrschung der englischen bzw. französischen Unterrichtssprache durch das einheimische Lehrpersonal läßt in der Regel sehr zu wünschen übrig. Vielfach wird versucht, diese Mängel durch Verwendung von Schallplatten-, Tonband- und Radiogeräten zu überbrücken. Diese Mittel werden als geeignet angesehen, den Schulunterricht entscheidend zu verbessern und zugleich bei drückendem Lehrermangel einen gewissen Ausgleich zu schaffen[59].

Vielfach sind in den Entwicklungsländern Bestrebungen zu beobachten, die Lehrerausbildung durch Zusammenlegung kleiner Anstalten rentabler zu gestalten. Eines der stärksten Argumente für die Zusammenlegung kleiner Anstalten ergebe sich aus der Notwendigkeit, qualifiziertes Lehrpersonal möglichst effektiv und ökonomisch einzusetzen[60].

Mit der Vermittlung von Lehrkräften in Entwicklungsländer befaßt sich vor allem das „Anglo-American-African Programme" („3 A's"). — In Uganda belaufen sich die Kosten für einen Lehrer, der von den USA

---

[56] Investment in Education in Nigeria, a.a.O., S. 4.
[57] Kenya Education Commission Report, a.a.O., S. 119.
[58] Education in Uganda, a.a.O., S. 44.
[59] Vgl. hierzu z. B. Report of the Southern Rhodesia Education Commission 1962, presented to the Legislative Assembly 1963, Government Printer Salisbury 1963, S. 53.
[60] Vgl. Report to the Southern Rhodesian Ministry of Education of a Working Committee on the Training of Teachers in Southern Rhodesia, S. 11/12. Ferner Report on Education in 1962—1963, Presented at the XXVIIth International Conference on Public Education, Geneva, July 1964, Ministry of Education in Kenya, S. 7.

zur Verfügung gestellt wird, auf annähernd 2500 Pfund, für einen Lehrer aus dem Commonwealth auf etwa 1000 Pfund, abgesehen von dem Gehalt, das die Regierung von Uganda zu zahlen übernommen hat[61]. Zur Verringerung dieser Kosten, aber auch um einer größeren Effektivität willen, schlägt die Kommission in Uganda vor, anzustreben, daß die bisherigen zweijährigen Einstellungsverträge für ausländische Lehrer durch drei- oder vierjährige Verträge abgelöst werden.

---

[61] Vgl. Education in Uganda, a.a.O., S. 49.

III. Kostenanalyse in der Erziehungsplanung

Die Kostenanalyse kann insofern als Kernstück der gesamten Erziehungsplanung bezeichnet werden, als jede Planung Stückwerk bleiben muß, wenn die finanziellen Mittel nicht zur Verfügung stehen, um die angestrebten Ziele realisieren zu können. Im Staatshaushalt konkurrieren die Ausgaben für das Erziehungswesen mit denen für Straßenbau, Gesundheitswesen, Verteidigung usw. Wenn die Ausgaben für das Erziehungswesen anteilmäßig in der Regel an erster Stelle[62] stehen, so beruht das unter anderem darauf, daß im Erziehungswesen mehr Personen beschäftigt sind als auf jedem anderen Sektor der öffentlichen Dienstleistungen[63]. Die vorrangige Stellung der Ausgaben für das Erziehungswesen erklärt sich ferner durch die große Bedeutung der Erziehung als Investitionsfaktor für den Wirtschaftsprozeß, weiterhin dadurch, daß in den meisten Entwicklungsländern der Anteil der Kinder im schulfähigen Alter im Verhältnis zur Gesamtbevölkerung ungewöhnlich hoch ist. Diez-Hochleitner schätzt diesen Anteil auf 25 %[64], doch liegt er in einigen Ländern wesentlich höher. Schließlich erklärt sich die Vorrangstellung des Erziehungswesens im Staatshaushalt dadurch, daß in der Regel ein großer Nachholbedarf beim Ausbau des Erziehungswesens festzustellen ist.

Bahr weist darauf hin[65], daß die Kostenanalyse gleichsam als letzter Schritt der Erziehungsplanung vorgenommen werden müsse. Es sei unrealistisch, zunächst den möglichen Anteil der Ausgaben für das Erziehungswesen am Bruttosozialprodukt bestimmen zu wollen, um darauf einen optimalen Verteilerschlüssel innerhalb des Erziehungswesens zu erstellen. Da die Höhe der Ausgaben für das Erziehungswesen jedoch nicht allein von dem Unterhalts- und Ausbaubedarf abhängt, sondern unter anderem auch von den vorhandenen finanziellen Möglichkeiten, empfiehlt es sich, als grobe Richtschnur den Anteil am Brutto-

---

[62] Die Ausgaben für das Erziehungswesen in der Western Region in Nigeria betrugen z. B. 43,4 % des Gesamtbudgets; vgl. Awokoya: a.a.O., S. 13.

[63] Vgl. Diez-Hochleitner, a.a.O., S. 9; ferner Philipps, a.a.O., S. 8.

[64] Vgl. Diez-Hochleitner, a.a.O., S. 9. Ähnlich Philipps, a.a.O., S. 34. Während in Lateinamerika sich 25 % der Bevölkerung im Alter zwischen 5 und 14 Jahren befinden, beträgt der entsprechende Anteil in Westeuropa nur 17 %.

[65] Bahr, a.a.O., S. 16.

III. Kostenanalyse in der Erziehungsplanung

sozialprodukt zu kennen, der für das Erziehungswesen möglich und im Rahmen der Gesamtwirtschaftsplanung sinnvoll ist.

Eine derartige „Richtschnur" wird man nur durch einen internationalen Vergleich erhalten können. Beachtet werden muß allerdings auch hier wiederum, daß aufgrund der lokalen Unterschiedlichkeiten in den Ausgaben für das Erziehungswesen — bezogen auf das Bruttosozialprodukt — ebenfalls große Unterschiede festzustellen sind. Philipps weist darauf hin[66], daß es heute keine zivilisierte Nation gebe, die weniger als 1 % und mehr als 6 % des Bruttosozialprodukts für das Erziehungswesen ausgebe.

Der Anteil der Ausgaben für das Erziehungswesen, gemessen am Volkseinkommen, betrug in einzelnen Ländern in den Jahren 1957 bis 1960[67]:

Land	Pro-Kopf-Einkommen in US-Dollar	Pro-Kopf-Ausgaben für Erziehung in US-Dollar	Öffentl. Aufwendungen für Erziehung in % des Volkseinkommens
USA	2132	97,0	4,6
Frankreich	960	32,5	3,0
Türkei	460	10,0	2,2
Chile	310	9,6	2,4
Japan	250	14,6	5,7
Tunesien	159	6,7	3,4
Guatemala	155	3,5	2,4
Peru	124	4,0	2,9
Ägypten	114	4,9	5,0
Thailand	102	2,9	2,7
Nigeria	70	1,3	1,9
Indien	66	1,3	1,7
Tanganyika	56	1,7	3,0
Pakistan	51	0,6	1,2
Burma	42	11,6	3,6

Loveridge[68] zitiert eine These von Professor Arthur Lewis, wonach jedes Land in der Lage sei, 4 % des Volkseinkommens für das Erziehungswesen auszugeben. Dieser Anteil reiche aus, um allen Kindern Primarschulerziehung zukommen zu lassen, 20 % der Kinder Sekundarschulerziehung und 5 % Hochschulbildung. Beachtet werden muß, daß Industrieländer einen größeren Anteil des Volkseinkommens als Steuern erheben als Entwicklungsländer, so daß den Industrieländern ein größerer Spielraum bei der Umverteilung zur Verfügung steht.

---

[66] Philipps, a.a.O., S. 12.
[67] nach Philipps, a.a.O., S. 36.
[68] Loveridge, a.a.O., S. 2.

III. Kostenanalyse in der Erziehungsplanung

Philipps schätzt[69], daß in Ländern mit geringem Volkseinkommen etwa 14 % des Volkseinkommens als Steuern eingezogen werden, während es in Ländern mit hohem Volkseinkommen etwa 21 % sind. Demgegenüber berichtet Loveridge[70] von der Erfahrung, daß in einigen Ländern nicht einmal 8 % des Volkseinkommens als Steuern zur Verfügung stehen, so daß diesen Ländern auch bei der Förderung des Erziehungswesens sehr enge Grenzen gezogen sind.

Die Ausgaben für das Erziehungswesen stammen in fast allen Ländern sowohl aus öffentlichen als auch aus privaten Mitteln. Die öffentlichen Mittel setzen sich in der Regel aus Mitteln des zentralen Staatshaushalts und der Gemeindeverwaltungen, Provinzverwaltungen usw. zusammen. Die privaten Mittel bestehen aus dem Aufkommen der Erziehungsberechtigten und von Vereinen, Körperschaften, Kirchen usw., die mit dem Erziehungswesen zu tun haben.

Die Ausgaben für das Erziehungswesen gliedern sich in einmalige (capital expenditure) und laufende Ausgaben (recurrent expenditure). In den Referaten wird wiederholt darauf hingewiesen[71], daß eine eindeutige Trennung zwischen den laufenden und den einmaligen Ausgaben oft sehr schwierig zu ziehen ist und daß diese Grenze in den verschiedenen Etats verschieden gezogen wird, so daß sich Schwierigkeiten bei einem Ausgabenvergleich zwischen den einzelnen Ländern ergeben.

Die laufenden Kosten übersteigen die einmaligen Ausgaben in der Regel bei weitem. Loveridge schätzt[72], daß in einem verhältnismäßig stabilen Erziehungssystem die einmaligen Kosten im Primarschulwesen nur etwa ein Zehntel der laufenden Kosten ausmachen, während dieser Anteil im Sekundarschulwesen (ohne Internatscharakter) auf ein Fünftel ansteigt. Zu ähnlichen Schätzergebnissen gelangt Philipps. Die Lehrergehälter betragen etwa drei Viertel der Ausgaben des Budgets für das Erziehungswesen. Im Primarschulwesen bedeute das, daß etwa 90 % der laufenden Kosten auf die Lehrergehälter verwendet werden, während der Anteil der Lehrergehälter an den laufenden Kosten auf höherer Ebene sich verringert[73].

Philipps führt[74] eine von den Professoren Svennilson, Edding und Elvin aufgestellte Formel zur Berechnung der Ausgaben für das Er-

---

[69] Philipps, a.a.O., S. 37.
[70] Loveridge, a.a.O., S. 3.
[71] Vgl. Philipps, a.a.O., S. 36; Loveridge, a.a.O., S. 7.
[72] Vgl. Philipps, a.a.O., S. 36, und Loveridge, a.a.O., S. 7.
[73] Ebd., S. 7.
[74] Ebd., S. 34.

ziehungswesen pro Altersgruppe an: $U_1 = P_1 \times e_1 \times t_1 \times w_1 \times (1 + k_1)$. Dabei bedeutet: P: Gesamtzahl der in der betreffenden Altersgruppe vorhandenen Personen; e: Schülerrelation, bezogen auf P; t: Lehrer-Schülerrelation; w: durchschnittliches Jahresgehalt eines Lehrers für die betreffende Altersgruppe; k: Kosten pro Schüler außerhalb der Kosten aufgrund der Lehrergehälter, bezogen auf die Kosten aufgrund der Lehrergehälter.

In dieser Formel ist eine Reihe von komplexen Faktoren enthalten, die zu bestimmen nicht immer einfach sein dürfte. Es kann nicht beurteilt werden, inwiefern sich hier ein brauchbares Instrumentarium bietet, die bisher in der Erziehungsplanung übliche Praxis abzulösen oder zu ergänzen, bei der Kostenanalyse die Erfahrungen bei den bisher durchgeführten Projekten auf die geplanten zu übertragen.

IV. Internationale Hilfe

Beim Ausbau des Erziehungswesens sind die Entwicklungsländer in der Regel auf fremde Unterstützung angewiesen. Als Musterbeispiel wird von zwei Referenten[75] der „Ashby Report" zitiert, wonach Nigeria gezwungen sei, sich um fremde Unterstützung für den Ausbau des Erziehungswesens zu bewerben: „Das nigerianische Erziehungswesen muß eine Zeitlang zur internationalen Aufgabe werden."

Internationale Hilfe ist als bilaterale oder multilaterale Hilfe möglich, als Schenkung oder als Darlehen, als Unterstützung durch Entsendung von Lehrkräften und Experten oder als materielle Unterstützung in Form von Ausrüstungsgegenständen wie z. B. Rundfunkgeräten, Büchereien, Lehr- und Lernmitteln usw. Die Gewährung von Stipendien kann eine rein finanzielle Hilfe sein, kann aber auch mit Dienstleistungen (Lehrtätigkeit) oder Sachleistungen (Ausstattung mit Lernmitteln, Unterkunftsmöglichkeiten usw.) verbunden sein.

Philipps teilt die Hilfsmaßnahmen nach dem Ziel ein, den die vorgesehenen Maßnahmen bezwecken[76]:

1. Finanzierung von Entwicklungsmaßnahmen, die zur Erhöhung der Steuerkraft und damit zur Finanzierung der Maßnahmen auf dem Erziehungssektor beitragen;
2. Gewährung von Beihilfen oder Darlehen zur Erhöhung der „Produktivität" des Erziehungswesens und damit der Wirtschaftskraft;
3. Beihilfen oder Darlehen für spezielle Erziehungsprojekte wie technische Hochschulen, Universitäten usw.;
4. langfristige Darlehen zur Verbesserung der Infrastruktur des Erziehungswesens eines Landes.

Auf die Schwierigkeiten, die mit der Gewährung fremder Hilfe für den Ausbau des Erziehungswesens verbunden sein können, weist vor allem Lewis[77] hin. Die von außen dargebotene Hilfe müsse mit den internen Bestrebungen harmonisieren, wenn sie die größtmögliche Wir-

---

[75] Lewis, L. J.: Evaluation of Educational Planning in Africa, S. 7, und Loveridge, a.a.O., S. 5.
[76] Philipps, a.a.O., S. 38 f.
[77] Lewis, a.a.O., S. 16 f.

kung haben solle. Daß das nicht immer der Fall ist, beruht auf verschiedenen Ursachen.

Da es in den Entwicklungsländern in der Regel sowohl an Kapital als auch an Erfahrung mangelt, ist die Gewährung von finanzieller Hilfe oft mit der Entsendung von Experten verknüpft. Für das Geberland sei es aber nicht immer einfach, Persönlichkeiten zu finden, die für die vorgesehene Aufgabe geeignet sind und darüber hinaus vom Empfängerland als „persona grata" akzeptiert werden. Oft finden die entsandten Experten Gegebenheiten vor, die ihren Vorstellungen vor Antritt ihrer Aufgabe nicht entsprechen. In einigen Fällen habe es sich bei der Ankunft von Experten herausgestellt, daß zuständige Beamte oder Politiker in der Zwischenzeit zu anderen Ministerien übergewechselt sind oder gar das Land verlassen haben, ohne ihre Nachfolger von den vereinbarten Projekten zu unterrichten. Falls sie unterrichtet worden sind, könne es sein, daß sie an den von ihren Vorgängern in die Wege geleiteten Projekten nicht interessiert sind.

Ein anderes schwerwiegendes Problem ergebe sich daraus, daß technische Unterstützung oft mit Methoden, Vorstellungen und Intentionen des Gebers „befrachtet" sind, ohne auf die spezifischen Bedürfnisse des Empfängerlandes abgestimmt zu sein. Bei der Ausführung derartiger Projekte zeige sich in der Regel Enttäuschung auf beiden Seiten, zumal wenn derartige Projekte nicht in den nationalen Entwicklungsplan integriert werden.

Die Gründe für ein derartiges Fehlschlagen sind sehr verschiedenartig: ungenügende Absprache, echte Mißverständnisse, Mangel an Kontinuität des Beratungs- und Verwaltungspersonals usw. In einigen Fällen ist das Scheitern auf einen Mangel an Kommunikation zurückzuführen. Ein „technisches Institut" kann im Sprachgebrauch zweier Länder ganz verschiedenartige Bedeutung besitzen.

In den Erziehungs- und Wirtschaftsplänen der Entwicklungsländer finden sich immer wieder Hinweise auf die Notwendigkeit, bei den geplanten Vorhaben aus dem befreundeten Ausland unterstützt zu werden. In der Regel werden spezielle Vorhaben genannt, die man für ausländische Unterstützung besonders geeignet glaubt. Neben der Bitte um Entsendung von Lehrkräften, Verwaltungs- und Planungsexperten[78] finden sich immer wieder Hinweise darauf, daß man vor allem beim Bau und der Ausstattung neuer Bildungsinstitutionen auf ausländische Unterstützung angewiesen sei[79].

---

[78] Näheres hierzu vgl. unter I B: Die Rolle der Verwaltung in der Erziehungsplanung.

[79] Vgl. z. B.: Education in Northern Rhodesia, a.a.O., § 545; ferner: Report of the Southern Rhodesia Education Commission 1962. S. 205. Es werden

In dem Report der Erziehungskommission für Kenia wird betont[80], daß die vom Ausland zur Verfügung gestellte Hilfe sich in das langfristige nationale Planungsprogramm einfügen sollte. Wenn es z. B. das Ziel des Erziehungsministeriums sei, Sekundarschulen mit vier Zügen einzurichten, sollten die Bemühungen, die auf ausländischer Unterstützung beruhen, mit diesen Zielen konform gehen.

Oder wenn es das Bestreben des Ministeriums ist, technische Erziehung in polytechnischen Ausbildungsstätten zu pflegen, sollten auch die Ausbildungsstätten, die mit fremder Unterstützung gefördert werden, die monotechnische Ausbildung vermeiden. Ferner sollten aus Gründen der Rationalisierung alle Projekte vermieden werden, die mit bereits bestehenden Möglichkeiten in nicht gerechtfertigter Weise konkurrieren. Um derartige Gefahren zu vermeiden, schlägt die Kommission vor, daß eine Liste von solchen Projekten auf dem laufenden gehalten werde, die für ausländische Unterstützung geeignet seien. Dies habe einen doppelten Vorteil: einmal sei damit garantiert, daß die Projekte, die mit ausländischer Unterstützung zustande kämen, für das Erziehungswesen von Kenia einen Maximaleffekt bewirken würden, und zum anderen würde vermieden werden, daß der Gesamtplan aus dem Gleichgewicht gerät. Nach Meinung der Kommission würden auch die Geberländer und Geberorganisationen Unterstützungen auf dieser Basis aus Gründen der Sicherheit bevorzugen.

Ein Überblick über die Hilfsmaßnahmen der OECD auf dem Sektor des Erziehungswesens bietet sich in dem Referat von Bahr[81]: Das Hauptziel der OECD ist die Förderung des wirtschaftlichen Wachstums — nicht nur innerhalb der 20 Mitgliedsstaaten — durch verschiedenartige Maßnahmen. Da erwiesen ist, daß wirtschaftliches Wachstum nur möglich ist, wenn durch die Erziehung die Voraussetzungen hierfür geschaffen sind, muß zunächst die Betonung auf die Förderung und den Ausbau des Erziehungswesens gelegt werden. Im Mittelpunkt der Bemühungen um eine Förderung des wirtschaftlichen Wachstums müssen Maßnahmen zur Förderung und zum Ausbau des Erziehungswesens stehen, da der Erfolg aller langfristigen Maßnahmen hauptsächlich von einer ausreichenden Zahl qualifizierter Arbeitskräfte abhängt.

In Zusammenarbeit mit sechs Mitgliedsstaaten hat die OECD das Mediterranean Regional Project (M.R.P.) eingeleitet, das in erster Linie bezweckt, das wirtschaftliche Wachstum in Entwicklungsländern zu fördern, Bildungsplanung im Ansatz und in der Methode zu koordinie-

---

Listen von Projekten aufgeführt, die man für ausländische Unterstützung für besonders geeignet hält.

[80] Vgl.: Kenya Education, a.a.O., S. 131 f.
[81] Bahr, a.a.O., S. 2 ff.

ren und alle Bemühungen auf dem Sektor des Erziehungswesens auf die Bemühungen im wirtschaftlichen Sektor abzustimmen[82].

Während die Geberländer, besonders die ehemaligen Kolonialmächte, ein starkes Interesse an bilateraler finanzieller Hilfe haben, da diese eine wichtige Funktion in der auswärtigen Kulturpolitik dieser Staaten hat, bevorzugen die Empfängerländer aus naheliegenden Gründen multilaterale Hilfe. Bisher hat die bilaterale Hilfe rein technisch-funktional besser funktioniert; die Gründe hierfür dürften einmal in dem größeren Eigeninteresse des Geberlandes zu finden sein und zum anderen in dem Umstand, daß multilaterale Hilfe gewöhnlich ein relativ kompliziertes Vertragswerk zwischen verschiedenen Staaten voraussetzt.

---

[82] Ein Überblick über die internationalen Hilfsbestrebungen für die Länder des afrikanischen Kontinents von seiten der UNESCO und ihren Unterorganisationen, von einzelnen Ländern, Organisationen, Stiftungen usw. findet sich in: Report of the Southern Rhodesia Education Commission 1962, a.a.O., S. 193—196.

V. Anhang

A. Empfehlungen der Tagung für Forschungsvorhaben

I. Planung und Programmierung

A. *Planungstechniken und Planungsorganisation*

1. Eine vergleichende Analyse von Ansätzen und Planungstechniken, die in verschiedenen Ländern auf dem Gebiet der Entwicklung des Bildungswesens angewandt wurden, unter besonderer Berücksichtigung der Bedürfnisse für eine unmittelbare Anwendung und der Möglichkeiten in Entwicklungsländern.
2. Eine Untersuchung über die Planungsstrategie in Entwicklungsländern unter besonderer Berücksichtigung des stufenweisen Vorgehens zu fortgeschritteneren Techniken und integraler Planung, in Verbindung mit einem Aufbau einer geeigneten Planungsorganisation.
3. Eine vergleichende Untersuchung über bestehende Erziehungsverwaltungsorganisationen in verschiedenen Ländern und eine Analyse der Funktionen und der Organisation zentraler und regionaler Planungsbehörden auf dem Gebiet des Erziehungswesens.
4. Untersuchungen über nationale und regionale Erziehungspläne verschiedener Länder.
5. Die Rolle privater Initiative im Erziehungswesen.

B. *Bedarfsfeststellung von Arbeitskräften*

1. Die sozialen Anforderungen an das Erziehungswesen in bezug auf die demographische und wirtschaftliche Struktur und die Entwicklung verschiedener Länder.
2. Vergleichende Analyse der Berufsstruktur der arbeitenden Bevölkerung in verschiedenen Ländern in bezug auf Art und Dauer der Ausbildung.
3. Untersuchung über Anpassungsprobleme der Berufsstruktur im technologischen Wandlungsprozeß.
4. Bedarfsanalyse für das Erziehungswesen in verschiedenen Ländern.

5. Untersuchung der Wanderungsbewegungen hochqualifizierter Arbeitskräfte in bezug auf Qualität, Quantität und Dauer.

II. Die pädagogische, wirtschaftliche und soziale Rolle der Schule — Möglichkeiten ihrer Qualitätssteigerung und ihres quantitativen Ausbaus

A. Status, Ausbildung und Leistung der Lehrerschaft

1. Faktoren, die den Status der Lehrer betreffen, z. B. Gehalt, Art der Ausbildung, Freizügigkeit, Sozialprestige, soziale Sicherheit, Herkunft, scheinbar irrationale Faktoren.
2. Neue Quellen zur Ausbildung geeigneten Personals; Universitätsabsolventen, die den Lehrerberuf ergreifen.
3. Lehrerbildung: relative Leistungsfähigkeit von Ausbildungsprogrammen verschiedenen Typs und verschiedener Dauer; berufliche Weiterbildung; Auswirkungen der Beziehungen zwischen Studenten und Unterrichtenden; Examina.
4. Faktoren, die die Qualität des Lernprozesses und die Produktivität des Lehrens betreffen.
5. Neue Methoden zur Verbesserung des Ausbildungsstandards ungenügend qualifizierter Lehrer.
6. Faktoren, die auf den Umfang des Lehrernachwuchses einwirken.

B. Lehrplan

Untersuchungen des Lehrplaninhalts, die folgende Probleme in Betracht ziehen:

1. Lehrmethoden und neue Lehrmittel.
2. Anforderungen an die Einzelnen in ihren Rollen als berufsausübende Eltern und Bürger.
3. Ergebnisse des Lernprozesses, festgestellt durch Tests und/oder Beobachtungen der „Verbraucher".
4. Grad der Beziehung zwischen erworbenen Fähigkeiten und Kenntnissen und ihrer Anwendung innerhalb und außerhalb der Berufsarbeit.
5. Untersuchung der gegenwärtigen Lehrpläne der verschiedenen Schulstufen in Entwicklungsländern in bezug auf spezifische Fähigkeiten; Vergleiche und relevante Standardbildung.
6. Probleme konkurrierender Lehrplanplanung und Planung des gesamten Lernprozesses bis zur Ebene der Universität.

7. Erstellung von Anforderungen in bezug auf bestimmte Fähigkeiten und Kenntnisse im Rahmen eines Lehrplans.

C. Erwachsenenbildung

1. Analyse bestehender Aktivitäten auf dem Gebiet der Erwachsenenbildung unter Einbeziehung verschiedener Institutionen und Anstrengungen im Rahmen eines geplanten Entwicklungsprogramms auf dem Gebiet des Erziehungswesens, wie
   — verschiedene Typen von Erwachsenenbildung;
   — mit Erwachsenenbildung befaßte Institutionen;
   — Beziehungen zwischen den bestehenden Institutionen;
   — Finanzierungsquellen;
   — Grad eventuellen Ersatzes oder eventueller Vervollständigung formaler Erziehung durch Erwachsenenbildung;
   — Interpretation und Auswertung der Bildungsziele;
   — Teilnehmer, Ausbildungsmethoden und Anstellungsart der Lehrkräfte in der Erwachsenenbildung.

2. Studien auf der Ebene eines Landes auf folgenden Gebieten:
   — Beziehung zwischen verschiedenen Formen der Erwachsenenbildung und bestimmten Bevölkerungsgruppen;
   — Prozentsatz des gesamten möglichen Publikums für die augenblickliche Erwachsenenbildung;
   — wirtschaftlicher und sozialer Erfolg dieser Aktivitäten;
   — wichtigste Lücken im Angebot der Erwachsenenbildung, sowohl was Qualität wie Breite des Angebots betrifft;
   — Beitrag der Erwachsenenbildung zur Lehrplanreform durch eine reifere Behandlung von Gegenständen, die im Schulsystem behandelt werden, durch die Institutionen der Erwachsenenbildung, einschließlich des Gebrauchs der Massenmedien.

3. Untersuchung über die Integration und Durchsetzung der Erwachsenenbildung in der allgemeinen Erziehung: wirtschaftliche und soziale Ergebnisse der Erwachsenenbildungsprogramme.

III. Kostenanalyse in der Bildungsplanung

1. Analyse des Ansteigens der gesamten Ausgaben für das Erziehungswesen, wobei der Einfluß verschiedener Faktoren auf diese Ausdehnung in einem Zeitraum von zehn und mehr Jahren aufgezeigt werden soll (z. B. allgemeiner Preisanstieg durch Inflation, Ansteigen der Reallöhne der Lehrer, Verringerung der Schülerzahl pro Lehrer,

Anwachsen der Verwaltung, Anwachsen der Materialausgaben pro Schüler).

2. Studien der Kosten verschiedener Schuleinheiten auf der Basis der derzeitigen Ausgaben und die Beziehung der verschiedenen Einzelausgaben zur Anzahl der Schüler oder der Studienplätze.
Vergleich dieser Kosteneinheiten auf lokaler, regionaler und internationaler Ebene.

3. Aufstellen von Standardkosteneinheiten für alle Typen von Erziehungsinstitutionen; Schaffung der Möglichkeit, verschiedene Faktoren in Verbindung zu setzen, z. B. Durchschnittsziffern von Schülern pro Lehrer, Jahresgehalt eines Lehrers, Verhältnis anderer Gehälter zu Lehrergehältern.

4. Untersuchung über die Beziehung zwischen Sozialprodukt pro Kopf der Bevölkerung und Lehrergehältern in verschiedenen Ländern und auf verschiedenen Stufen der Entwicklung.

5. Untersuchung der Möglichkeiten, alle Erziehungsausgaben als Kapitalströme darzustellen, unter Anbetracht der Abnutzungsraten von Gebäuden und Ausstattung des Erziehungswesens in verschiedenen Ländern.

6. Studium der Möglichkeit, einen Faktor für die Ausgaben einzuführen, die für einen Schüler pro Jahr insgesamt gemacht werden, in bezug auf die Kalkulation einer Standardkosteneinheit.

IV. Internationale Bildungshilfe

1. Eine systematische Zusammenfassung und Analyse der technischen und finanziellen Hilfsprogramme auf dem Gebiet des Bildungswesen nach Regionen, Art der Bildung und Art des Hilfsprogramms. Darstellung sowohl aus der Sicht der Geber- wie der Empfängerländer. Die Ergebnisse sollten Auskunft geben über:
— Angemessenheit der benutzten Kriterien;
— Grenzen der angewandten Methoden;
— Überschneidung verschiedener Anstrengungen;
— Möglichkeiten größerer Flexibilität;
— Kommunikationsmöglichkeiten und ihre Probleme;
— Aspekte der Koordination;
— Richtlinien für die organisatorische Durchführung der Hilfsprogramme in den Empfängerländern.

2. Untersuchung über die Kriterien für auswärtige Hilfe auf dem Gebiet des Bildungswesens: Multiplikatorwirkung verschiedener Arten von Projekten und Prioritäten für technische und finanzielle Hilfe.

3. Untersuchung über die notwendigen Minimalstandarde von Spezialisten der technischen Hilfe im Hinblick auf deren Ausbildung und Weiterbildung.

4. Untersuchungen über die Kriterien für Prioritäten in Stipendienprogrammen im Hinblick auf die Ergebnisse sowohl vom Standpunkt des Geber- wie des Empfängerlandes.

5. Untersuchung des Standards und der Methodologien zur Bewertung von Hilfsprogrammen auf dem Gebiet des Bildungswesens.

B. Programm

Montag, den 1. Juli 1963 Eröffnung und Vorstellung der Teilnehmer

Einführung in die Tagungsthematik

Teil I

Bemerkungen zur Grundlegung einer Theorie der Bildungsplanung
Prof. Dr. Friedrich *Edding*

Aussprache

Dienstag, den 2. Juli 1963 Teil II

1. *Bildungsplanung im Rahmen der allgemeinen Wirtschaftsplanung*
Prof. H. *Wood*

2. *Bildungsinvestitionen und Planungsprogramm (EIP) der OECD*

   a) Das Programm der OECD auf dem Gebiet der Bildungsinvestitionen und -planung
   Dr. Klaus *Bahr*

   b) Die Rolle der Bildungsforschung und -planung in der schwedischen Schulreform
   Prof. T. *Husén*

3. *Das Mittelmeerprojekt (MRP) mit besonderer Berücksichtigung der Bildungsplanung in Griechenland*
C. *Doussis*

Mittwoch, den 3. Juli 1963 Teil III

Erfolgsbewertung der Bildungsplanung in Entwicklungsländern

B. Programm 61

        1. *Regionale Planung*

           a) Bildungsplanung in Lateinamerika
            R. *Diez-Hochleitner*

           b) Erfolgsbewertung der Bildungsplanung in Afrika
            Prof. L. J. *Lewis*

Donnerstag, den 4. Juli 1963   2. *Bildungsplanung auf nationaler Ebene*

           a) Bildungsplanung in Nigeria
            S. O. *Awokoya*

           b) Bildungsplanung und Ausbildung von Führungskräften in Tunesien
            B. *Jaibi*

Freitag, den 5. Juli 1963   c) Erfahrungen bei der Bildungsplanung in Tanganjika
            A. J. *Loveridge*

           d) Bildungsplanung und Wirtschaftsplanung — ein afrikanisches Beispiel
            R. van *Waeyenberghe*

           e) Erfahrungen bei der Bildungsplanung in weiteren afrikanischen und asiatischen Ländern

        Teil IV

        Der Beitrag der Industrieländer zur Bildungsplanung in Entwicklungsländern
        Podiumsgespräch unter der Leitung von Prof. Dr. Arnold *Bergstraesser*

Sonnabend, den 6. Juli 1963   Fortsetzung der Aussprache
        Annahme von Empfehlungen

        Schlußsitzung

C. Teilnehmerliste

1. M. Aka *Agnissan*
   Instituteur, Conseiller Pédagogique
   Ancien Chargé de Mission auprès du
   Cabinet du Ministre de l'Education
   Abidjan/Elfenbeinküste

2. S. O. *Awokoya*
   Permanent Secretary and Chief Federal Advisor on Education
   Ministry of Education
   Lagos/Nigeria

3. Dr. Klaus *Bahr*
   Directorate for Scientific Affairs
   O.E.C.D.
   Paris/Frankreich

4. Prof. H. *Becker*
   Rechtsanwalt
   Kressbronn (Bodensee)/Deutschland

5. Mohamed Ben *Bachir*
   Directeur de l'Enseignement Supérieur
   Ministère de l'Education Nationale
   Rabat/Marokko

6. Prof. Dr. Arnold *Bergstraesser*
   Direktor des Seminars für Wissenschaftliche Politik
   der Universität Freiburg
   Präsident der Deutschen UNESCO-Kommission
   Freiburg/Br./Deutschland

7. Frl. H. *Birtner*
   Friedrich-Ebert-Stiftung
   Bonn/Deutschland

8. M. *Bodart*
   Directeur de l'Institut de Formation
   IRFED
   Paris/Frankreich

9. Prof. Dr. E. E *Boesch*

   Psychologisches Institut der Universität des Saarlandes
   und Forschungsstelle für Entwicklungshilfe und Erziehungshilfe
   Saarbrücken/Deutschland

10. R. *Diez-Hochleitner*

    International Bank for Reconstruction and Development
    Chief, Education Division
    Washington/USA

11. C. *Doussis*

    Director, Plannnig Service,
    Ministry of Coordination
    Athen/Griechenland

12. Wilhelm *Ebert*

    Director WCOTP
    Paris Office
    Paris/Frankreich

13. Prof. Dr. Friedrich *Edding*

    Hochschule für internationale Pädagogische Forschung
    Frankfurt am Main/Deutschland

14. A. *El Koussy*

    Regional Center for the Advanced Training of
    Educational Personnel in the Arab States
    Beirut/Libanon

15. Taieb *Ellouze*

    Chef du Bureau d'Etudes, de Programmation et de Planification
    Secrétariat d'Etat à l'Education Nationale
    Tunis/Tunesien

16. Prof. W. *Flemming*

    Director, Institute of Education
    University of Ghana
    Legon, Accra/Ghana

17. Dr. Aklilu *Habte*

    Dean, Faculty of Education
    Haile Selassie I University
    Addis Ababa/Äthiopien

18. Prof. Torsten *Husén*

    Dept. of Educational and Psychological Research
    School of Education
    Stockholm/Schweden

19. Mohed *Izz El Din*
    Assistant Inspector on Adult Education
    Ministry of Education
    Khartum/Sudan

20. Béchir *Jaibi*
    Chef de la Division des Affaires Sociales
    et de la Formation des Cadres au Secrétariat
    d'Etat au Plan et aux Finances
    Tunis/Tunesien

21. Dr. G. *Kerckhoff*
    Bundesministerium für wirtschaftliche Zusammenarbeit
    Bonn/Deutschland

22. Dr. Bruno *Knall*
    Institut für Weltwirtschaft an der Universität Kiel
    Forschungsabteilung
    Kiel/Deutschland

23. Dr. *Kotzsch*
    Westdeutsche Rektorenkonferenz
    Bad Godesberg/Deutschland

24. Dr. Marianne *Lapper*
    Kulturreferentin
    Botschaft der Bundesrepublik Deutschland
    Algier/Algerien

25. Prof. L. J. *Lewis*
    Institute of Education
    University of London
    London/Großbritannien

26. A. J. *Loveridge*
    Institute of Education
    University of London
    London/Großbritannien

27. Samuel *Rajaona*
    Censeur du Lycée
    J.-J. Rabearivelo
    Tananarive/Madagaskar

28. H. E. *Sharif*
    Secretary of State
    Ministry of Education
    Karatschi/Pakistan

29. Dr. H.-A. *Steger*
    Sozialforschungstelle an der Universität Münster
    Dortmund/Deutschland

30. S. *Subramaniam*
    Assistant Professor
    Osmania University
    Haiderabad/Indien

31. Dr. P. *Trappe*
    Universität Bern
    Institut für Soziologie und Sozio-ökonomische Entwicklungsfragen
    Bern/Schweiz

32. Remi van *Waeyenberghe*
    Secrétaire de la Commission consultative universitaire de Pédagogie
    Ministère de l'Education Nationale
    Brüssel/Belgien

33. H. N. *Weiler*
    Arbeitsstelle für Kulturwissenschaftliche Forschung
    Freiburg/Br./Deutschland

34. Hugh B. *Wood*
    Professor of Education
    School of Education
    University of Oregon
    Eugene, Oregon/USA

35. Dr. Horst *Kempas*
    Bundesministerium für wirtschaftliche Zusammenarbeit
    Bonn/Deutschland

D. Verzeichnis der Referate[1]

Awokoya, S. O.: Educational Planning in Nigeria, 17 S.

Bahr, K.: The Programme on Educational Investment and Planning (E.I.P.) of the Organisation for Economic Co-operation and Development, 18 S.

Diez-Hochleitner, R.: Educational Planning in Latin America: A Regional Approach, 37 S.

Doussis, C.: Notes on Educational Planning in Greece, 11 S.

Husén, T.: The Role of Educational Research and Planning in Connection with the Swedish School Reform, 19 S.

Jaibi, B.: The Planning of Education and of Cadre-Training in Tunisia, 23 S.

Lewis, L. J.: Evaluation of Educational Planning in Africa, 17 S.

Loveridge, A. J.: Experience of Planning Education in Tanganyika, 23 S.

Novacco, N.: Critères et méthodes pour l'évaluation de la structure professionelle de l'emploi en 1951, 1961 et 1975 (le cas de l'Italie), 31 S.

Philipps, H. M.: Education and Development, 55 S.

van Waeyenberghe, M. R.: La Planification de l'Education dans ses Rapports avec la Planification de l'Economie, 18 S.

Wood, H. B.: Problems of Educational Planning in Nepal, 11 S.

---

[1] Sämtliche Referate liegen vervielfältigt in englisch und/oder französisch vor und können von der Deutschen Stiftung für Entwicklungsländer, Bonn, Blücherstraße 16, unter Angabe der Nr. IT 13/63 bezogen werden.

E. Literaturverzeichnis

Abdel-Rahman, J. H.: Manpower Planning in the U.A.R., in: Etude Mensuelle sur l'économie et les finances de la Syrie et des pays Arabes, Juin 1963.

Anderson, C. A.: Education in Kenya, 1961—1967, Comparative Education Centre, University of Chicago, o. J.

Edding, Fr.: Ökonomie des Bildungswesens — Lehren und Lernen als Haushalt und als Investition, Freiburg 1963.

Kitchen, H. (Editor): The Educated African, A Country-by-Country Survey of Educational Development in Africa, Compiled by Ruth Sloan Associates, London 1962.

Schelsky, H.: Schule und Erziehung in der industriellen Gesellschaft, Schriftenreihe „Weltbild und Erziehung", Herausgegeben von Felix Messerschmid, Georg Picht, Hans Waltmann, Würzburg, 2. Auflage 1959.

Weiler, H. N. (Herausgeber): Erziehung und Politik in Nigeria, Freiburg 1964.

Bildungswesen und wirtschaftliche Entwicklung, VII. Gespräch zwischen Wissenschaft und Wirtschaft, veranstaltet vom Bundesverband der Deutschen Industrie, im Einvernehmen mit dem Stifterverband für die Deutsche Wissenschaft und dem Deutschen Industrie- und Handelstag, am 2. 12. 1963 in Bonn, Heidelberg 1964.

The Economic Development in Syria, Report of a Mission organised by the International Bank for Reconstruction and Development at the Request of the Government of Syria, Baltimore 1955.

Education in Northern Rhodesia, A Report and Recommendations prepared by the UNESCO planning Mission 28th Sept.—2nd Dec. 1963, Government Printer, Lusaka, 1964.

Education in Uganda, The Report of the Uganda Education Commission, Entebbe, 1963.

Investment in Education, The Report of the Commission on Post-School Certificate and Higher Education in Nigeria, 1960.

Kenya Education, Commission Report, Part I, Government of Kenya, Nairobi 1964.

Report on the Development of Education in the U.A.R. in the School Year 1963/64, Presented at the XXVIIth International Conference Geneva, July 1964, The United Arab Ministry of Education and Research Centre for Education.

Report on Education in 1962—1963, Presented at the XXVIIth International Conference on Public Education, Geneva 1964, Ministry of Education in Kenya.

Report on Educational Progress in 1963/64, Presented at the XXVIIth International Conference on Public Education, Geneva, July 1964, Federal Republic of Nigeria.

Report of the Southern Rhodesia Education Commission, 1962, Presented to the Legislative Assembly 1963, Government Printer, Salisbury 1963.

Report to the Southern Rhodesian Ministry of Education of a Working Committee on the Training on Teachers in Southern Rhodesia.

Printed by Libri Plureos GmbH
in Hamburg, Germany